Berlitz

Osez l'allemand OFF

l'allemand, le vrai...

Berlitz Publishing
Paris • Munich • New York • Singapour

Berlitz Osez l'allemand OFF

Publié en France en 2008 par Blay Foldex / Berlitz
40-48, rue des Meuniers
F-93108 MONTREUIL Cedex
Téléphone : 33 (0) 1 49 88 92 10
Fax : 33 (0) 1 49 88 92 09

Traduction / Lecture
Marie Ollivier-Caudray
Illustrations
Kyle Webster, Tatiana Davidova

Pour l'édition originale
Texte original : Cornelia Böhm
Illustrations : Kyle Webster, Tatiana Davidova

Sommaire

Mode d'emploi

Envie d'aller au-delà de l'allemand appris à l'école et de parler enfin comme un véritable Allemand en employant les mots justes ?

Ici, pas de règle de grammaire à apprendre, pas d'exercices ni de tables de conjugaison : place au plaisir de la langue ! Berlitz vous fait découvrir l'allemand « off », celui que vous n'apprendrez jamais en cours et que vous ne parlerez ni avec vos profs ni avec votre boss et encore moins avec vos parents ! Voici toutes les dernières expressions tendance et le vocabulaire des initiés pour maîtriser l'allemand de la rue et des jeunes, à parler entre amis, l'allemand authentique de tous les jours pour toutes les circonstances : des façons les plus cool de se dire bonjour aux formules les plus efficaces pour draguer, en passant par toutes les façons d'insulter, exprimer sa joie, son désir, sa rage, etc., sans oublier le langage des e-mails, textos et chatrooms – avec en bonus quelques gestes bien sentis !

À savoir...

Nul ne saurait être initié sans connaître les rudiments de la langue ! Une connaissance préalable de l'allemand, de sa grammaire et de son vocabulaire, reste nécessaire.

Le langage des jeunes est en perpétuelle évolution et très différent d'un pays germanophone à l'autre. Les jeunes Allemands n'utilisent pas les mêmes termes que les jeunes Autrichiens ou les jeunes Suisses. À l'intérieur même de l'Allemagne, chaque région, chaque grande ville, chaque quartier, voire chaque école a son propre argot. Par ailleurs, les skateurs ne s'expriment pas comme les jeunes qui vivent à la campagne ou comme les ados dont les parents ont émigré en Allemagne. Et tout cela ne cesse de bouger, notamment grâce à la musique et au cinéma, très influencés par l'anglais. Mais l'allemand emprunte aussi beaucoup de mots à d'autres langues.

Attention... !

La plupart des expressions présentées dans l'ouvrage peuvent s'employer aussi bien pour les filles que pour les garçons.

♀ Certaines sont toutefois plutôt destinées aux demoiselles, elles sont alors suivies de ce symbole.

♂ D'autres, plutôt destinées aux messieurs, sont quant à elles suivies de ce symbole.

Les expressions les plus « dangereuses » sont signalées par un petit piment rouge.

Celles qui sont vraiment « hot », susceptibles de heurter certaines oreilles trop sensibles, sont signalées par deux piments.

Tout est affaire de contexte. Une bonne appréciation de la situation et de son auditoire avant d'employer une expression « risquée » reste le moyen le plus sûr de ne pas faire un faux-pas – ou d'éviter un incident diplomatique !
La traduction qui est donnée s'efforce d'être l'équivalent le plus proche possible en sens et en niveau de langue de l'expression allemande. Elle pourra donc également vous aider à savoir quand, où et avec qui employer telle ou telle expression.
Par ailleurs, au fil de la lecture de ce petit guide, vous rencontrerez les signalisations suivantes pour vous conseiller et vous faire explorer plus avant la culture allemande :

NON CENSURÉ — Expressions argotiques, grossières, voire franchement vulgaires.

DANS LES FAITS — Un peu plus loin dans la connaissance du pays – Des infos sur le mode de vie des Allemands pour enfin les comprendre !

Pour les initiés — Les bons tuyaux pour passer tout de suite pour un vrai initié : les petits plus qui font toute la différence !

Le mot de la fin

Vous l'aurez compris, toutes les expressions que vous trouverez dans cet ouvrage ne sont pas toutes particulièrement châtiées ! Nous ne saurions que trop vous conseiller de ne pas les utiliser avec des personnes envers qui un certain respect est de mise (parents, enseignants, supérieurs hiérarchiques, etc.), ou avec des personnes qui pourraient s'en offusquer (surtout si elles font une tête et quelques kilos de plus que vous... !) Quoiqu'il en soit, l'éditeur se dégage de toute responsabilité en cas de problèmes (disputes ou échanges de coups, arrestation suite à outrage à représentant de l'ordre, etc.) pouvant survenir lors de l'utilisation de ces expressions !

Une langue vivante évolue sans cesse et ce qui est à la mode aujourd'hui sera déjà « out » demain... Si donc vous connaissez des mots et expressions du moment en allemand, n'hésitez pas à nous en faire part en nous écrivant à l'adresse **info@berlitzeditions.fr.**

1 Les essentiels

Toutes les façons de se dire bonjour, de la plus simple à la plus tendance, ou les meilleures formules pour…

- *Dire bonjour et au revoir,*
- *Demander comment ça va,*
- *Attirer l'attention sur soi,*
- *Rentrer dans la conversation…*

Faire le premier pas...

Vous en avez assez du sempiternel „Guten Tag“ ? Voici quelques expressions utiles pour varier…

Hallo! .... Salut !

Un classique dans toute l'Allemagne, en toute circonstance.

Hi! .... Salut !

Particulièrement concis !

Servus! .... Salut !

À utiliser uniquement en Bavière. Se prononce « servous ». Variantes : "Serbo", "Servo" (se prononce « seervo »), ou "Sers".

Moin! .... Salut !

À utiliser uniquement en Allemagne du Nord à partir de Hambourg, à toutes les heures de la journée. Se prononce « moïn ».

Alles klar? .... Ça va ? / Ça roule ?
Tach auch! .... Salut (à vous) !

Pour répondre à un bonjour avec concision.

Pour les initiés

Il existe une autre forme de « salut », celui de l'automobiliste allemand. L'expression *jemandem den Vogel zeigen* (littéralement : « montrer l'oiseau à quelqu'un ») n'a rien à voir avec l'animal… Il s'agit de tapoter son index sur sa tempe pour signifier à l'autre automobiliste qu'il conduit comme un fou ou comme un pied. Variante plus vulgaire : lui montrer son médius levé. Attention ! Cette forme de « salut » peut vous attirer des ennuis, voire une grosse amende.

Was geht? .... Quoi de neuf ?
Wazup?/Wassup? .... Ça gaze ?

chapitre 1

Ça va ?

Une fois rentré dans la conversation, après la formule de salutation rituelle, on peut en demander un peu plus :

– Wie isses?
– Ça va ?
– Beschissen wie immer. Bei dir?
– Craignos, comme d'hab. Et toi ?
– Alles fit im Schritt?
– Ça roule ?
– Logo, Alder.
– Nickel, mec.
– Alles gut?
– Alors, comment va ?
– Passt schon.
– Bof, ça peut aller.

Salut, toi !

Comment appeler ses « potes » en allemand ? Quelques exemples :

Hey Digger! ♂ ....Salut, mec ! / Salut, mon frère !
Hallo Süße! ♀ ....Salut, ma belle !
Une façon sympa de s'appeler entre copines.

Na, Spasti!/
Na, ihr Spacken! ....Salut, enfoiré ! / Salut, les enfoirés !
Sympa et rigolo entre copains, sinon, dans un autre contexte, c'est une insulte !

Hi Homie./Hi Kollega. ...Salut, mon frère ! / Salut, man !
Rapide et décontracté, entre potes.

Ey Alda ♂ / ♀ **Alde!** ....Salut, mon vieux ! / Salut, ma vieille !

Allez, ciao !

Et quand vient le moment de se quitter… Voici quelques formules qui permettent de le faire dans les règles :

Hau rein!..............................Salut ! / Ciao !

Formule très cool pour se dire au revoir.

Ich bin dann mal weg.........Bon, j'y vais.
Ich mach 'nen Abgang. ......Allez, je me tire.
Ich muss weg......................Faut que je me casse.
Man sieht sich. ....À plus.
Wir hören uns! ....On s'appelle !

S'il y a trop de bruit, on peut aussi mimer le geste (voir page 105) du combiné qu'on tient près de l'oreille.

> *Pour ne pas rater sa sortie…*
> **– Ich muss weg.**
> – Faut que je m'arrache.
> **– Hau rein, Alda! Man sieht sich.**
> – Allez, salut, mon pote ! À plus.

Comme les vrais…

Tout ce qu'il faut encore savoir pour répondre du tac au tac à ses amis allemands. Les petites expressions qui font toute la différence :

Jo...Ouais.

Se prononce « yoou ».

Nö./Nee................................Nan.
Lass stecken!.......................Laisse tomber ! / Lâche l'affaire !
Das kotzt mich an...............Ça me fait chier.
Passt schon.........................C'est OK / Ça roule.
Was zur Hölle
geht denn hier?! ....C'est quoi, ce bordel ?

Kein Plan. .... Aucune idée.
Boah ey, voll heavy! .... Putain, c'est top !

„Boah ey" s'utilise aussi tout seul pour exprimer la surprise.

Ich glaub, es hackt! .... J'hallucine !
Sag mal, geht's noch? .... Ça va pas, la tête ?
Nicht schlecht! .... Bof, pas mal.
Was für'n Scheiß! .... Quelle merde !
Kein Bock!/Ohne mich! .... Ça me soûle ! / Ça me gave !

On peut poser la question „Kein Bock, oder was?" (« Alors, ça te branche pas, ou quoi? ») quand l'interlocuteur ne réagit pas à une proposition qu'on vient de lui faire.

Das is' mega-assi! .... C'est trop dégueu !
Du Honk/Cracker/
Volltrottel! .... Connard / Enculé / Bouffon !

Attention à ne pas s'en prendre une pour ne pas avoir été assez prudent avant de parler !

DANS LES FAITS

En général, les Allemands (filles ou garçons) ne sont pas de grands adeptes de la « bise » à la française. Ils lui préfèrent nettement l'accolade entre bons amis. Quand on rencontre quelqu'un pour la première fois, on lui serre seulement la main.

Les lois de l'attraction… 2

Envie de faire juste un peu plus ample connaissance ou d'envoyer promener un prétendant trop insistant ? Voici quelques expressions et conseils pour que ça marche à tous les coups, ou du moins que ça se passe le mieux possible :

- *Les bonnes expressions pour une bonne technique d'approche,*
- *Pour aller plus loin et assurer comme un pro,*
- *Pour se débarrasser méchamment des pots de colle,*
- *C'est fini, on se quitte : comment le dire…*

chapitre 2

La bonne approche

Tout ce qu'il faut pour ne pas passer à côté de l'histoire d'amour de sa vie, juste parce qu'on n'assure pas suffisamment en allemand… La maîtrise des expressions suivantes devrait garantir un résultat à toute tentative :

Bist du alleine hier?............T'es seul(e) ?

Darf ich dich
auf einen Drink einladen? ..J'te paye un verre ?

Hast du Lust zu tanzen?.....Tu danses ?

Pour les initiés

Les expressions typiques pour entrer en matière entre jeunes et… avec une bonne dose de second degré ! Car c'est bien connu, une fille qui rit…

Kennen wir uns nicht?........On s'est pas déjà vus quelque part ?

War es Liebe auf den ersten Blick?
Oder soll ich noch mal vorbeikommen?
C'est déjà le coup de foudre, ou est-ce que je dois repasser ?
Si c'est dit avec élégance, vous êtes sûr de briser la glace…

Hast du mal einen Stift?
Ich möchte mir deine Nummer aufschreiben.
T'as pas un stylo ? Je voudrais noter ton numéro.

Hab ich Zucker in den Augen, oder bist du wirklich so süß?
Tu fais mal aux yeux (tellement t'es belle).
Référence à l'adjectif „zuckersüß" qui signifie à la fois « très sucré » et « très mignonne ».

– Le mec : Würdest du mir die Richtung zeigen?
Tu peux me dire comment le faire fondre ?
Littéralement : « Tu peux m'indiquer la direction ? ».

– La nana : Wohin denn? ....Faire fondre quoi ?
Littéralement : « La direction pour où ? ».

– Le mec : Zu deinem Herzen ...
Ton cœur...
Littéralement : « pour ton cœur… » Le romantisme, une valeur sûre !

NON CENSURÉ

Voici des expressions juste pour le fun... Attention! À moins d'être particulièrement doué, les utiliser pourrait vous valoir une honte mémorable, avec peut-être une gifle en plus!

Schicke Schuhe! Poppen?
Classe, tes pompes! Bon, on baise?
On ne peut pas faire plus direct...

Ich hab mir heute einen neuen Wecker gekauft, möchtest du ihn morgen früh mal klingeln hören?
Je viens de m'acheter un nouveau réveil, ça te dit de l'entendre sonner demain matin?
Une proposition parfaitement claire.

All diese Kurven und ich ohne Bremsen!
Toutes ces courbes, et moi qui n'ai pas de frein!
Littéralement: « Tous ces virages... » Ne pas perdre la route de vue...

Darf ich bei dir einparken?
Une petite partie de jambes en l'air, ça te dirait?
Littéralement: « Je peux me garer chez toi? »

Du bist bestimmt Geheimagentin. Du verfolgst mich jede Nacht im Traum.
Tu dois être espionne. Tu me poursuis toutes les nuits dans mes rêves.

Ich lese gerade deine Gedanken, und du hast recht: Ich bin sehr nett!
Je lis dans tes pensées, et t'as raison: je suis très sympa!

Hast du Magneten in deiner Tasche?
Du ziehst mich magisch an.
T'as des aimants dans la poche, ou quoi? Tu m'attires, c'est de la magie!

Engager une conversation :

– Willst du was trinken?

– Je peux te payer un verre ?

– Klar, gerne.

– Oui, avec plaisir.

ou bien

– Nö, lass mal.

– Non, merci.

Hey Baby !

Vous trouvez une fille ou un garçon à votre goût ? Dites-le ! Mais attention, les expressions les plus sexy peuvent aussi s'avérer le plus sûr moyen de rater son coup si on n'y met pas tout le tact nécessaire…

Boah, er/sie ist ...	Waou, il / elle est OU c'est...
süß.	mignon(ne).
sexy.	sexy.
scharf.	top.
schnuckelig.	craquant(e).
niedlich.	mignon(ne).
heiß.	canon.
mega-hübsch.	super beau / super belle.
'n geiles Stück.	une vraie bombe.

Quand on ne parle que des garçons...

Wow, er ist …	Waou, il est / c'est...
'ne coole Sau.	un méga canon.
ein Hammer-Typ.	trop craquant.
ein Schnuckel.	super mignon.

Et à propos des filles plus particulièrement :

Wow, das Baby is …	Waou, cette fille / meuf...

'ne geile Pussy. 🌶🌶 .... c'est un vrai canon.
'ne heiße Braut. .... elle est super sexy.
'ne Schleckrosine. .... elle est trop bonne.
'ne enge Muschi. 🌶🌶 .... c'est de la bombe.

DANS LES FAITS *Anbaggern, aufreißen, angraben, klarmachen :* ... en allemand, les expressions ne manquent pas pour parler de drague. *Anmachen* signifie à la fois adresser la parole à quelqu'un et le (ou la) trouver à son goût. Mais ce verbe peut aussi avoir un sens très différent : *Mach mich nicht an, ey!* (« Lâche-moi ! », « Fais pas chier ! »)

Se débarrasser des pots de colle

Comment envoyer promener en allemand, avec classe et majesté, une personne un peu trop collante ? De la formule la plus aimable à la plus brutale, voici de quoi s'en sortir :

Ich hab einen Freund/eine Freundin.
J'ai un copain / une copine.
Pas forcément vrai, mais souvent très efficace !

Vergiss es! .... Laisse tomber !
Verpiss dich! 🌶 .... Dégage !
Brutal, mais refroidit les ardeurs les plus vives.

" *Qu'est-ce qu'il / elle me gonfle… :*
– Darf ich deine Nummer haben?
– Tu me donnes ton numéro ?
– Steht im Telefonbuch.
– Il est dans l'annuaire.
– Und wie heißt du?
– Et comment tu t'appelles ?
– Steht daneben!
– C'est marqué à côté ! "

chapitre 2

Hau ab! .... Dégage ! / Fous le camp !
Träum weiter! .... C'est ça, rêve !

On ne peut plus clair...

– Du siehst aus wie meine nächste Freundin.
– Mon petit doigt me dit que tu vas être ma prochaine copine.
– Und du siehst aus wie der nächste, der eine geschmiert kriegt!
– Et le mien me dit que que t'es le prochain à qui je vais en coller une.

Plus direct, tu meurs !

– Stört es dich, wenn ich rauche?
– Ça te dérange si je fume ?
– Mich würde es nicht mal stören, wenn du brennst!
– Ça me dérangerait même pas si tu cramais !

c'est fini !

Que dire dans ce genre de situations délicates ?

Sie hat ihn sitzen lassen.
Elle l'a laissé tomber.
Er hat mit ihr Schluss gemacht.
Il l'a larguée.
Er hat sie in die Wüste geschickt.
Il l'a jetée.
Sie hat sich von ihm getrennt.
Elle l'a envoyé balader.
Sie sind nicht mehr zusammen.
Ils ne sont plus ensemble.

NON CENSURÉ

Un gros chagrin d'amour ? Voilà comment se lamenter sur celui ou celle qui vous a brisé le cœur.

Pour les filles... :

Sie ist eine ... . C'est (vraiment) une...
Nutte. 🌶🌶 .... salope.
Hexe. .... garce.
Schlampe. 🌶 .... grosse pouffe.
Hure. 🌶🌶 .... pute.
Tusse. .... pouffiasse.
doofe Kuh. .... sale conne.
Zicke. .... pétasse.

... et pour les garçons :

Er ist ein ... . C'est (vraiment) un...
Penner. .... connard.
Arsch/Arschloch. 🌶 .... enfoiré / enculé.
Wichser. 🌶🌶 .... branleur.
Schwein. .... gros porc.
Scheißkerl. 🌶 .... salaud / salopard.
Aufreißer. .... sale allumeur.
Depp. .... débile / bouffon.
Affe. .... pauvre con.

chapitre 2

Pour les initiés

Bitch, Checker, Dope, Bunny, Babe … c'est de l'allemand, tout ça ? Mais oui. Dans le langage des jeunes, on trouve de plus en plus de mots venus de l'américain, notamment avec l'influence de MTV, d'Internet et de la culture hip-hop. Les termes sont soit repris tels quels, comme *Bitch* (« salope »), *Babe* (pour une fille sexy) ou *cool*, soit germanisés, comme *abgefuckt* (« complètement foutu »), *chillig* (« zen »), *Das suckt!* (« ça craint ! ») *ou steppen : „Ey Alda, step zur Seite!"* (« Hé mec, bouge-toi ! »). Ils comptent parmi les standards du langage quotidien des ados et des jeunes.

Se quitter

Le feu de l'amour s'est éteint ? Voilà comment le lui dire en allemand :

Lass uns Freunde bleiben.
On reste amis.
Un vieux classique…

Ich brauche mehr Zeit für mich.
J'ai besoin de me retrouver.
Il y a de la rupture dans l'air !

Lass uns eine Auszeit nehmen.
Faut qu'on fasse une pause.
Plutôt lâche comme formule. On sait bien que c'est déjà fini.

Ich fühle mich nicht bereit für eine Beziehung.
Je me sens pas prêt(e) / J'ai pas envie de m'engager.

Es tut mir leid, es liegt nicht an dir.
Désolé(e), c'est pas toi, c'est moi.

Wir haben uns entliebt. ...... On s'aime plus.

Es ist aus. .... C'est fini.

Passons aux choses sérieuses... 3

Parlons sexe – Tout le vocabulaire du désir et de la passion !

- *Un peu de romantisme. Du bécotage au pelotage,*
- *Les 1001 façons de parler de la plus belle chose de la vie,*
- *Potins : qui l'a fait et avec qui...,*
- *MST et autres désagréments.*

chapitre 3

Ça commence par des picotements

Épatez vos amis germophones par le récit de vos dernières aventures…

Il faut un peu d'humour…

Wir gehen Mädels/Jungs klarmachen.

On va draguer.

Wir haben was am Laufen.

On sort ensemble.

Ça ne veut pas forcément dire qu'on couche ensemble ni qu'on est très amoureux.

Wir haben rumgeknutscht.

On s'est roulé des pelles.

Wir haben nur unseren Spaß./Es ist nur ein Flirt.

Nous deux, c'est pas un truc sérieux.

On peut donc se permettre des rancards avec d'autres filles/garçons…

… avant que ça devienne sérieux

Wir sind zusammen.

On sort/est ensemble.

Das ist mein Neuer/meine Neue.

C'est mon nouveau copain/ma nouvelle copine.

Allez, dites-le à tout le monde!

Daniel hat eine neue Flamme.

Daniel a une nouvelle nana/meuf.

Wir sind ein Pärchen.

On est/vit ensemble.

Maintenant, on devient sage…

Et finalement… un peu de sexe

Wir haben miteinander geschlafen.
On a couché ensemble.

Wir hatten einen One-Night-Stand.
C'était une aventure d'un soir.

Es ist nur eine Fickfreundschaft.
C'est juste pour la baise / C'est que pour le cul.

Il commence à faire chaud…

Des petits bisous au corps-à-corps torride, il n'y a pas de limite :

Küss mich. .... Embrasse-moi.
Gib mir ein Bussi. .... Fais-moi un bisou.

So wie der küsst, braucht man ein Handtuch.
Il embrasse comme un pied.
Littéralement : « Vu comment il embrasse, il faut un torchon. » Technique très « humide » !

Er hat mich fast aufgefressen.
Il m'aurait presque bouffée (en me roulant un palot).

Er hat mir die Zunge in den Hals gesteckt.
Il m'a roulé une pelle.

Wir haben Speichelhockey gespielt.
On s'est léché les amygdales.

Suchen wir uns ein ruhigeres Plätzchen?
On se cherche un coin plus tranquille ?
Signal clair : il ou elle ne veut pas seulement discuter !

Ich bin total spitz, Baby. ..... Je suis chaud(e), chéri(e).
Du machst mich total an. ... Tu me fais trop bander ♂ / Tu me rends dingue.
Mach's mir! .... Baise-moi ! / Saute-moi !

chapitre 3

Roucoulades

Voici toute une liste de petits mots doux à susurrer à l'oreille de son canard, son poussin, etc... :

Küss mich, … .... Embrasse-moi, ...
Baby. .... chéri(e).
Süße/Süßer. .... mon chou.
Schatzi. .... mon trésor.
Schnuckel. .... mon cœur.
Krümel. .... ma petite caille / mon poussin.
Honey. .... chéri(e).
meine Kleine/mein Kleiner. ma puce / mon chaton.

Démasqués !

– Hast du was mit Jessica?
– Tu sors avec Jessica ?
– Nö, wir sind nur Freunde.
– Non, on est juste amis.
– Ach? Ich hab euch aber gestern im Kino rumknutschen sehen!
– Ah ouais ? Je vous ai vus hier soir au ciné en train de vous rouler des pelles !

Quelques amabilités

Un choix de qualificatifs à utiliser selon le contexte :

Sie ist … .... C'est / Elle est…
Jungfrau. .... vierge.
schüchtern. .... timide.
eine ganz Brave. .... genre coincée.
eine Zicke. .... une pétasse.
ein Flittchen/
eine Nutte. .... une garce / une pute.

eine Schlampe. 🌶🌶 .... une salope.
Er ist … .... C'est / il est...
süß. .... adorable.
ein super Typ. .... un mec super.
ein Großmaul. .... une grande gueule.
ein Aufreißer. .... un dragueur.
ein Player. .... un coureur.
ein Scheißkerl. 🌶 .... un salaud / un salopard.
ein Hurensohn. 🌶🌶 .... un fils de pute.

Er/Sie macht mit jeder/jedem rum.
C'est un chaud / une chaude !

Er/Sie lässt nichts anbrennen.
Il / Elle a le feu au cul.

Die Braut macht Faxen./Die Braut will sich nicht knallen lassen. 🌶
Madame a la migraine / Madame n'a pas envie de se faire sauter.
Pas de bol, mon vieux...

NON CENSURÉ

Et maintenant, passons aux choses sérieuses... : „wir haben Liebe gemacht" est l'expression la plus juste et la plus neutre, mais il faut aussi parfois savoir mettre un peu plus de… piment dans son vocabulaire !

Wir haben … .... On a baisé / niqué / tiré un coup, etc.
ein Nümmerchen geschoben. *Assez anodin.*
gepoppt. 🌶 *Message parfaitement clair !*
gebumst. 🌶 *Pas nécessairement la façon la plus romantique de décrire les choses.*
gefickt. 🌶🌶 *Très vulgaire. On est très loin des sentiments !*

Sainte ou salope ?

– Das Babe ist scharf!

– Cette nana / gonzesse est super canon !

– Die is' voll die Schlampe, die lässt doch jeden ran!

– C'est une vraie salope. Tout le monde lui est passé dessus !

– Nee, die tut nur so als ob.

– Mais non, c'est rien qu'une allumeuse.

Comment en parler à ses amis ?

Il existe de nombreuses façons de parler de la plus belle chose du monde en allemand. Autant en connaître les principales :

Wir haben es getan.............On a couché ensemble.

Es en allemand signifie « la chose ». Pas besoin d'être plus explicite.

Wir sind zusammen aufgewacht.

On a passé la nuit ensemble.

Littéralement : on s'est réveillés ensemble.

Wir haben die Nacht zusammen verbracht.

On a passé la nuit ensemble.

« Ça paraît anodin... mais on sait qu'ils n'ont pas fait que dormir !

Pour les initiés

Ficken peut avoir une multitude de sens, pas seulement sexuel. *„Er hat mich gefickt"* peut par exemple signifier aussi « il m'a roulé / arnaqué ». *Jemanden ficken* signifie à la fois « coucher avec quelqu'un » et « casser la gueule à quelqu'un / emmerder quelqu'un » (*„Ich fick dich, Alda !"* : « Je t'emmerde, mec ! »). *Auf etwas keinen Fick geben* correspond à « n'en avoir rien à foutre de quelque chose ».

Passons aux choses sérieuses...

Ich hab ihn/sie mit nach Hause genommen.
Je l'ai raccompagné(e) chez lui / chez elle.
Inutile de préciser la suite...

Daniel ist mit Marie in die Kiste gestiegen.
Daniel s'est tapé Marie.

Voici ce que les mecs qui aiment bien jouer les machos racontent à leurs collègues...

Ich hab ... . Je me la suis...
ein Rohr verlegt. .... faite.
sie rumgekriegt. .... tapée.
sie genagelt. .... Je l'ai tirée.
sie gepudert. .... Je l'ai tringlée.
sie vernascht. .... Je l'ai sautée.
sie ins Bett gekriegt. .... Je l'ai niquée.

DANS LES FAITS Quand on parle de sexe, on peut soit être sentimental (*Liebe machen :* « faire l'amour »), soit neutre (*miteinander schlafen :* « coucher ensemble ») soit carrément vulgaire (*poppen, bumsen, ficken :* « baiser », « niquer », « tirer un coup »). *Bumsen* ou *ficken* appartiennent en règle générale plutôt au vocabulaire masculin – un besoin de se mettre en valeur, qui sait ? Dans d'autres situations, les jeunes disent la plupart du temps *miteinander schlafen.*

Petites cochonneries

Envie d'une aventure ?
Voici quelques expressions pour faire monter la température !

Ich hab mir Dessous gekauft.
Je me suis acheté des dessous.

Wir gucken gerne Pornos.
On aime bien regarder des pornos / On kiffe les films de cul / de boules.

Er/Sie steht auf flotte Dreier.
Il / Elle kiffe les plans à trois.

Sie bläst ihm einen./Sie gibt ihm Schädel/ 'nen Blowjob. ♂🌶🌶
Elle lui fait une pipe / Elle le suce.

Er macht es ihr mit dem Finger./Er fingert sie. ♀🌶🌶
Il lui fait un doigt / Il la doigte.

Sortez couverts !

La connaissance des expressions vues jusque-là ne peut s'envisager sans la connaissance de celles-ci :

Hast du … .... T'as...
ein Kondom/
ein Präservativ? .... un préservatif ?
einen Gummi? .... une capote ?

Nimmst du die Pille? .... Tu prends la pilule ?

Ich hab eine Spirale/einen Vaginalring/ein Hormonpflaster.
J'ai un stérilet / J'utilise l'anneau vaginal / Je mets un patch.

Warte, ich setze mein Diaphragma ein.
Attends, je mets mon diaphragme.

Du solltest lieber verhüten! .. Tu devrais sortir couvert !
S'utilise pour tout type de moyen contraceptif.

Est-ce qu'au lit aussi, c'est un mec bien ?
– Nimmst du die Pille?
– Tu prends la pilule ?
– Nein. Benutz lieber ein Kondom!
– Non. T'as qu'à mettre une capote !

Et si jamais ça arrive...

Wir brauchen die „Pille danach“.
On a besoin de la pilule du lendemain.
Sie hat sich eins hinsetzen lassen.
Elle s’est fait mettre en cloque.
Das Baby war ein Unfall.
Le bébé est arrivé par accident.

M.S.T., etc.

Oups... Mieux vaut prendre quelques renseignements auparavant...

Er/Sie hat sich angesteckt.
Il/Elle a chopé une saloperie.
Der Typ ist eine wandelnde Geschlechtskrankheit.
Ce type est une vraie MST ambulante.
Jessica ist eine Schlampe, die hat garantiert irgendwas.
Jessica est une salope, elle doit avoir attrapé quelque chose.
Warst du beim Arzt?
T’as fait les tests ?
Hast du dich auf sexuell übertragbare Krankheiten untersuchen lassen?
Tu t’es fait tester pour les MST ?
Hast du einen AIDS-Test gemacht?
T’as fait le test du SIDA ?

Er/Sie hat sich ... geholt. .... Il/Elle a attrapé/chopé...
Herpes genitalis .... un herpès.
eine Chlamydien-Infektion ... une mycose.
Gonorrhö .... une blenno(rragie).
Syphilis .... la syphilis.
Aids .... le sida.

N'oubliez de demander...

– Hast du einen Aids-Test gemacht?

– T'as fait le test du sida ?

– Klar, ich bin sauber.

– Ouais, je suis clean.

Pour les initiés

La première fois... D'après les sondages, en Allemagne, un ado de onze ans sur quatre a déjà « roulé une pelle » et environ 60 % des jeunes de 16 ans ont déjà fait leur première expérience sexuelle. La plupart des filles tombent amoureuses pour la première fois entre 12 et 13 ans. Les garçons, eux, un an plus tard.

Le monde gay & lesbien 4

Un petit détour par la scène alternative ? Quelques expressions qui vous permettront de ne pas être à côté de la plaque dans un monde d'initiés aux codes bien précis :

- *Toutes les expressions gays & lesbiennes,*
- *Et même un peu de « bi », ça ne fait pas de mal…*

chapitre 4

Est-il gay ? Est-elle lesbienne ?

En allemand comme en français, on ne compte plus les termes sur le sujet :

Ist er/sie … .... Est-ce qu'il / elle est...
eine Lesbe? ♀ .... lesbienne ?
schwul? ♂ .... pédé ?
ein Homo? ♂ .... gay / homo ?
eine Homo? ♀ .... homo(sexuelle) ?

NON CENSURÉ

Mieux vaut n'utiliser ces termes qu'entre amis proches car ils sont très péjoratifs et peuvent s'avérer très blessants.

Tunte ♂🌶🌶 .... tante
S'emploie sans problème entre gays.

Arschficker ♂🌶🌶 .... pédale

Hinterlader ♂🌶🌶 .... tapette
S'utilise aussi pour des hétéros censés se comporter comme des homos.

Arschgaudi ♂🌶🌶 .... tantouze / taffiole
Mösenleckerin ♀🌶🌶 ..... broute-gazon / broute-minou / gouine.
Schwuchtel ♂🌶 .... grande folle
Schwester ♂🌶 .... fée
Se dit entre gays.

Kampflesbe ♀🌶 .... gouine / camionneuse
Powerlesbe ♀🌶 .... gouine / gouinasse

NON CENSURÉ

Daniel ist eine Bollerhete (er trifft nur Frauen).
Daniel est complètement hétéro (il ne sort qu'avec des femmes).
Claudia ist mit ihrer Gattin gekommen.
Claudia est venue avec sa nana.

DANS LES FAITS Les gays et les lesbiennes ne parlent jamais d'eux en utilisant l'adjectif *homosexuell.* Autrefois insultants, les termes politiquement corrects sont *schwul* ou *lesbisch.* Ne vous étonnez pas si un gay ou une lesbienne, quand vous le qualifiez d'*Homosexueller*, vous répond : *„Ich bin schwul/lesbisch und nicht krank"* (« je suis gay / lesbienne, pas malade »).

Est-il / Est-elle bi ?

Ist er/sie bi?........................ Est-il / est-elle bi ?
Daniel treibt es auch mit Frauen.
Daniel se tape aussi des nanas.
Jessica kennt angeblich beide Ufer.
Jessica est / marche à voile et à vapeur.

DANS LES FAITS Entre gays allemands, un foulard de couleur porté dans la poche arrière du pantalon renseigne sur les préférences sexuelles du propriétaire. Tout dépend de la couleur du foulard (par exemple bleu clair : préférence pour le sexe oral) et du côté où on le porte (à gauche = actif, à droite = passif, porté autour du cou = actif et passif).

5 Le sport et les jeux

Que ce soit au stade ou au centre de fitness, sur le terrain de sport ou devant la PlayStation®, qui veut entrer dans les jeux et fustiger l'adversaire ou le mauvais partenaire doit maîtriser le bon vocabulaire !

- *Comment encourager son équipe et descendre l'adversaire,*
- *Parler foot,*
- *Transpirer avec classe dans la salle de gym,*
- *Marquer des points aux jeux vidéo !*

Cris de guerre

Voilà ce qu'il faut crier aux joueurs de son équipe préférée :

Hol ihn dir! .... Prends-lui le ballon !
Schieß!! .... Vas-y, marque !
Mach ihn platt!! .... Fous-lui une raclée !
Jetzt geht's los! .... Allez, ça démarre !
On peut aussi employer cette expression après une attaque sans succès pour faire comprendre à l'adversaire que ce n'était qu'un début...

So sehen Sieger aus,
schalalalala … .... On est les champions !
Chanté dans tous les stades, convient à tous les sports. À reprendre en chœur avec la foule.

Defense! .... Défense !
À scander bien fort en chœur : DÉ-FENSE !

DANS LES FAITS

Ces expressions peuvent s'utiliser partout. Mais certains clubs possèdent aussi leur propre vocabulaire et leurs propres chansons d'encouragement, avec des paroles ajoutées sur un air très connu. Alors tendez l'oreille !

Wir wollen euch kämpfen seh'n, wir wollen euch kämpfen seh'n.
Allez, battez-vous, les gars !
Littéralement : « On veut vous voir vous battre ». Ce cri de guerre fonctionne particulièrement bien quand il est chanté.

Deutschland vor, noch ein Tor.
Allez l'Allemagne ! Encore un but !
Chansons de stade
Mettez de l'ambiance dans le stade !

chapitre 5

Oleh!!.................................Olé !

Au foot, pendant une action isolée d'un joueur, chaque élimination d'un adversaire est applaudie par un „Oleh!"

Ihr könnt nach Hause gehen.

Vous pouvez rentrer chez vous.

Finale ohohoh, Finale ohohoh!

En finale !

Se chante quand l'équipe s'apprête à être qualifiée pour la finale.

Steht auf, wenn ihr … seid.

Levez-vous si vous êtes...

Il suffit d'ajouter „Bayern, Schalker, Löwen" ou le nom de votre équipe préférée.

Kohle unter unseren Füßen, Schlote ragen hoch hinaus, unsre Heimat das Revier unser Club der S04.

Du charbon sous nos pieds, les cheminées des usines se dressent dans le ciel, notre patrie, les mines, notre club, le S04.

À n'utiliser que pour les clubs de foot de la Ruhr. Les fans du FC Bayern n'apprécient pas trop.

Louanges

Voilà ce qu'il faut dire pour célébrer un match d'exception, une feinte d'anthologie ou un tir au but de légende :

Korrega/
Hammermäßiger Pass!.......Joli coup !
Arschgeiles Spiel! ....Super bien joué !
Das Spiel ist gelaufen.........C'est dans la poche.
Getunnelt! ....Petit-pont ! / Niqué !

À utiliser pour un petit pont entre les jambes de l'adversaire, très humiliant pour lui, ce que les supporters savourent bien sûr... !

Die haben wir gefickt.
On les a carrément baisés !
Attention, à n'utiliser qu'entre potes !

Die haben wir ganz schön abgezogen.
On leur a foutu une de ces raclées.
S'emploie aussi au tennis.

Pour les initiés

Dans les stades allemands, les vrais supporters ne s'installent jamais à la tribune principale. Ils se placent dans les gradins situés derrière les buts de leur équipe.

Ouououu... !

Quand le jeu prend un mauvais tour, que la victoire semble préférer l'équipe adverse, il s'agit de réagir et de rappeler son équipe à la réalité.

À l'attention de l'arbitre... :

Hey Schiri, ... Hé, l'arbitre, ...
Rot!....................................... Carton ! /Vire-le !
Mach weiter!........................ Lâche la balle !
Allez l'arbitre, laisse-les reprendre le jeu !

Pfeif ab!................................ Siffle la fin !
Bist du blind?....................... T'es bigleu ?
À l'attention de l'équipe adverse... :

Kommst du aus dem Zoo?.. Grosse brute !
Littéralement : « Tu sors du zoo ? »

Faker! .... Arrête ton cinéma !
Du Weichei!.......................... Lavette !
Mann, bist du arm! .... Pauvre connard !

DANS LES FAITS

Au foot, les injures constituent aussi une tactique entre les joueurs. Ce qu'on appelle le *Trash Talk* sert à provoquer l'adversaire jusqu'à ce qu'il commette une faute ou, dans l'idéal, qu'il soit expulsé. Lors de la Coupe du monde de football de 2006 en Allemagne, l'Italien Marco Materazzi a traité le Français Zinédine Zidane de « fils de pute terroriste ». Le coup de tête de Zidane a été sanctionné par une expulsion.

NON CENSURÉ

Une rencontre sportive ne serait pas ce qu'elle est si elle n'était pas aussi l'occasion d'échanger quelques amabilités entre adversaires – à réserver pour le stade...

Hurensohn! ♂ 🌶🌶 .... Fils de pute ! / Enculé !
Dreckiger Wichser! ♂ 🌶🌶 Sale branleur !
Arschloch! 🌶 .... Enculé !
Du Scheißhaus! 🌶 .... Petit merdeux !

Attention : En Allemagne, pas question d'injures concernant la couleur de la peau ou la religion. Entre les joueurs, ce genre d'insultes est sanctionné par un carton jaune ou même par une exclusion.

Sports et jeux

Qu'il y a-t-il d'autre dans la vie en dehors du foot ?

Spielst du ...? .... Est-ce que tu joues au... ?
Fußball .... foot
Tennis .... tennis
Volleyball .... volley
Tischtennis .... tennis de table
Basketball .... basket

Nein, ich … .... Non, je fais …
schwimme. .... de la natation.
skate/fahre Skateboard. ...... du skate(-board).
fahre Mountainbike. .... du VTT.
jogge. .... du jogging.
hasse Sport. .... j'ai horreur du sport.

DANS LES FAITS En Allemagne, le foot est toujours le sport national, mais ces dernières années, les adolescents se tournent de plus en plus vers d'autres sports, comme le skate-board, le basket ou le roller. Maintenant, dans toutes les grandes villes, on trouve des halfpipes et des minirampes.

Pour les initiés

Bien que le sport en Allemagne soit assez important et répandu, il n'est pas aussi sacro-saint qu'aux États-Unis. Mais c'est toujours un bon sujet de conversation et l'occasion de tester l'humeur et les goûts de son interlocuteur.

Le Parkour, un nouveau sport branché.

Pour tous ceux qui aiment les défis : ce qu'il faut savoir avant de se lancer dans le Parkour...

DANS LES FAITS Le *Parkour* est un sport qui peut se pratiquer aussi bien en ville que dans la nature. Le participant (nommé le « traceur ») doit simplement prendre le chemin le plus court pour aller d'un point A vers un point B en franchissant tous les obstacles (corbeilles à papiers, bancs, palissades, murs, colonnes Morris, garages, tours d'immeubles…) qui surgissent sur son chemin.

Armsprung .... Saut de bras

On se réceptionne avec les mains, les bras ou le coude pour saisir le bord d'un mur.

Katzensprung .... Saut de chat

On saute un obstacle en passant les jambes entre les mains.

Sprung zum Boden .... Saut de fond

Se réalise par une poussée en avant dans le vide nécessitant une réception sur les pieds. Le franchissement s'achève par une roulade.

Präzisionssprung .... Saut de précision

Saut vers un point fixe de petite taille qui nécessite une évaluation fine pour atterrir précisément.

DANS LES FAITS

Le Parkour ne privilégie pas l'esprit de compétition mais le désir de se surpasser soi-même.

Tic Tac .... Tic-tac

Technique de franchissement d'un petit obstacle.

Balancieren .... Balancer

Suspendu à l'aide des mains sur une barre, lancer le corps d'avant en arrière avant de se lâcher pour attraper une autre prise.

Durchbruch .... Passage entre barrières

Mouvement de souplesse qui permet de passer les jambes puis tout le corps dans un espace précis d'un obstacle.

Mauer-Überwindung .... Passe-muraille

On a l'impression d'escalader un mur à la verticale.

Landung .... Réception

Technique de flexion des jambes.

Loslassen .... Lâcher

On se lâche d'une hauteur en chute libre pour rattraper une autre prise.

DANS LES FAITS *Le Parkour* est une discipline sportive toute récente, créée en France par David Belle. En Allemagne, elle séduit de plus en plus de jeunes. Il s'agit d'un défi : franchir par ses propres forces tous les obstacles qu'on croise sur son chemin. Ce sport est maintenant pratiqué dans plusieurs écoles.

Les jeux

Fan de jeux vidéo ? Voici quelques expressions à utiliser avec le joystick en allemand :

Willst du … spielen? .... Tu veux faire une partie de… ?
PlayStation®? .... PlayStation® ?
PS3™ .... PS3® ?
GameCube™? .... GameCube® ?
Wii™? .... Wii® ?
Xbox®? .... Xbox® ?

Komm, wir spielen MMORPG auf der Wii®.
Allez, on se fait une méga-partie à plusieurs sur la Wii.
La Wii® intègre le WIFI. On peut donc jouer avec des milliers d'autres joueurs.

Gib mir den Wiimote/Joystick.
Passe-moi le Wiimote / joystick.
Sur la Wii®, le joystick s'appelle Wiimote parce qu'il ressemble à une télécommande.

Ich hab ihn plattgemacht. .. Je l'ai massacré.
Ich hab ihn gefickt. ... Je l'ai niqué.
Ich hab den Typ geownt. .... Je l'ai grillé, le mec.
Geil!/Super!/
Genial!/Endgeil! .... Génial ! / Super ! / Trop délire !

6 Shopping

Conseils pratiques et expressions utiles pour tous les accros du shopping !

- *Tout pour un lèche-vitrines d'enfer – et en allemand !*
- *Les expressions à connaître pour les dénicheurs de bonnes affaires et les fashion victims.*

La fièvre acheteuse

Avant de partir, mieux vaut s'enquérir de sa destination et savoir comment convaincre ses amis de vous accompagner.

Lass uns shoppen gehen!
Allons faire du shopping !

Lust auf 'ne Shoppingtour?
Ça te dit d'aller faire les magasins ?

Wollen wir bummeln gehen?
On va faire du lèche-vitrines ?

Ich hab Bock, mir Klamotten/Schuhe/Musik zu kaufen.
J'ai envie de m'acheter des fringues / des pompes / des CDs.

Lass uns mal … gehen. ..... Allons faire un tour au...
ins Einkaufszentrum. .... centre commercial.
ins Kaufhaus. .... grand magasin.
in einen Second-Hand-Laden. .... dépôt-vente.
zum Fabrikverkauf/ zu einem Factory-Outlet. .... dépôt d'usine.
auf den Flohmarkt. .... aux puces.

DANS LES FAITS

Vous avez envie de marchander ? Impossible dans les grands magasins ou les boutiques en Allemagne. En revanche, au marché aux puces, ne vous en privez pas ! N'acceptez pas tout de suite le prix que vous annonce le vendeur. Essayez de le faire baisser, c'est comme ça que vous ferez de bonnes affaires ! Et peut-être en pratiquant en même temps l'art du flirt…

chapitre 6

Le pourquoi du comment

Quelques questions pour recueillir les infos utiles lors d'une séance de shopping en allemand:

Wo ist bitte die …

-Abteilung? .... Où se trouve le rayon… ?

Damen .... femmes

Herren .... hommes

Young-Fashion .... adolescents

Sport .... sport

Schuh .... chaussures

Kosmetik .... parfumerie / cosmétiques

Schmuck .... bijouterie

Haben Sie das auch in Größe 40?

Vous l'auriez en taille 40 ?

In welchen anderen Farben haben Sie das da?

Ça existe dans quelles autres couleurs ?

Wo ist die Umkleide?

Où sont les cabines d'essayage ?

Haben Sie auch andere Modelle?

Est-ce que vous avez d'autres modèles ?

Wo ist die Kasse?

Où est la caisse ?

Wo finde ich …? .... Où est-ce que je peux trouver… ?

CDs .... des CDs

DVDs .... des DVDs

Postkarten .... des cartes postales

Zeitschriften .... des journaux

Bücher .... des livres

Qu'est-ce qu'elle m'agace, cette vendeuse !

– Kann ich Ihnen helfen?

– Je peux vous aider ?

– Nein, danke. Ich schaue mich nur um.

– Non, merci. Je ne fais que regarder / Je jette juste un coup d'œil.

DANS LES FAITS En Allemagne, dans les grandes villes, la plupart des magasins – sauf les petites boutiques – sont ouverts du lundi au samedi de 9 heures à 20 heures. À Berlin, depuis 2006, les magasins sont même autorisés à ouvrir 24 heures sur 24.

Qui cherche, trouve !

Quelques mots à bien retenir pour que la séance de shopping ne se transforme pas en chasse au trésor…

Kann ich Ihnen helfen?....... (Est-ce que) je peux vous aider ?

Welche Größe suchen Sie?... Vous cherchez quelle taille ?

Welche Größe haben Sie?... Vous faites quelle taille ?

Zahlen Sie bar oder mit Karte?

Vous payez en espèces ou par carte ?

La douloureuse…

Comment bien dépenser son argent durement gagné...

Wie teuer ist das?............... Combien ça coûte ?

Ist das heruntergesetzt? .... Est-ce que c'est soldé ?

Kann ich mit Karte bezahlen?

Est-ce que je peux payer par carte ?

Ich zahle bar. .... Je paye en espèces / en liquide.

chapitre 6

Mist, meine Kohle reicht nicht.
Zut, j'ai pas assez de fric.
Kannst du mir was leihen?
Tu peux me prêter un peu de thune ?

Money, money, money...

Voici différentes façons de nommer le « dieu argent » :

Papier .... des billets
Kohle .... du fric
Bares .... du liquide
Money .... du blé
Mäuse .... du pognon
Moneten .... de la thune
Patter .... de l'oseille
Tacken .... des euros

Mais qu'est-ce que je vais me mettre ?

Les boutiques cool et branchées ne manquent pas, encore faut-il savoir ce qu'on veut mettre !

Ich will was ... . Je voudrais quelque chose de...
Sportliches. .... sport.
Lässiges. .... décontracté.
Elegantes. .... élégant.
eher Konservatives. .... plutôt classique.
Schickes. .... chic.
Stylisches. .... branché.
Flippiges. .... délirant.
Funkiges. .... super tendance.
Glamourmäßiges. .... sexy.
Businessmäßiges. .... une tenue pour le boulot.

Dans les faits

Parmi les grandes tendances de l'évolution de la langue allemande, on observe la création d'innombrables mots avec le suffixe *-mäßig*. On a par exemple *tussimäßig abgehen* (« se la jouer comme une pétasse »), *kumpelmäßig* (« amical », « amicalement »), *businessmäßig* (« côté boulot »), *chillmäßig* (« cool »), etc…

Pour les initiés

Votre dernière « bonne affaire » se révèle en fait un très mauvais achat ? Apparemment, vous n'êtes pas la seule. C'est pour ça que les jeunes Allemandes organisent depuis quelques années des *Klamotten-Tauschpartys* (« séances d'échanges de fringues »). On se retrouve chez une copine, et toutes les filles apportent les vêtements dont elles veulent se débarrasser. Ensuite, chacune fouille dans le tas de fringues de l'autre et prend ce qui lui plaît. Génial comme système, non ?

7 La mode

Plongez-vous dans les expressions et les bons conseils de ce chapitre pour maîtriser un allemand aussi impeccable que votre style !

Comment papoter en allemand…

- *Des toutes dernières tendances,*
- *De sa garde-robe,*
- *Du maquillage,*
- *De coiffures de rêve,*
- *De piercings et de tatouages !*

Des fringues, des fringues !

Être bien habillé ne suffit pas – Il faut avoir du style !

Diese Hose … .... Ce pantalon...
ist gerade total in/
völlig out. .... est hyper mode / complètement ringard.
ist cool/geil. .... est trop cool / super.
ist stylo. .... est classe.
ist angesagt. .... est tendance / branché.
ist absolut von gestern. .... est complètement out.
sieht scheiße aus. .... est à gerber / dégueuler.
ist abturn. .... est archi nul.
ist hamma. .... est génial.
steht dir super. .... te va super bien.
ist retro. .... est rétro.

Bon à savoir : „Retro" entre guillemets signifie par contre « complétement ringard ».

Michelle … .... Michelle...
ist echt stylo. .... a vraiment de la classe.
ist ein echter Upstyler. .... est très fashion.
ist super trendy. .... est super tendance.
ist immer voll
schön angezogen. .... est toujours hyper bien fringuée.
sieht immer super aus. .... a toujours un super look.
hat einen tollen Stil. .... a vachement de goût.
ist ein Fashion-Victim. .... est une fashion victim.
hat null Style/Geschmack. ... n'a aucun style / goût.

chapitre 7

Les dessous de la mode !

Comment passer en revue toute sa garde-robe...

Neckholder-Top
un top dos-nu

BH
un soutien-gorge

Bikini
un bikini

Slip/Höschen
une culotte

Rock
une jupe

Push-up-BH
un soutien-gorge à effet pigeonnant

Tanga
un string

Handtasche
un sac à main

Hausschuhe
des chaussons / mules

Jackett
une veste
Baseball-Cap
une casquette
jeans
un jean
Brille
des lunettes
T-Shirt
un T-shirt
Slip
un slip/
un caleçon
Rucksack
un sac à dos
Pulli
un pull
Schuhe
des chaussures

chapitre 7

Fagoté comme l'as de pique…

Un copain a des fringues pas possibles ? Voici comment le dire :

Micha sieht
in seinem Outfit … aus! ..... Les fringues de Micha sont...
so hack .... super craignos.
total porno .... trop ringardes.
echt prall .... hyper flashy.
voll arm .... carrément nulles.
so spackig .... trop nazes.
voll pennermäßig .... il se fringue comme un clodo.

Lancez la mode !

– Tom, in diesen Assi-Klamotten machst du dich total zum Horst!

– Tom, avec tes fringues ringardes, t'as vraiment l'air d'un naze !

– Na und? Ich find's cool.

– Et alors ? Moi, je trouve ça cool.

Qu'est-ce qui est tendance cette saison ?

Pour être vraiment « in », sachez au moins nommer les essentiels d'une garde-robe branchée :

... ist/ ....est/
sind im Moment total in. .... sont en ce moment très tendance.
Die A-Linie .... La forme évasée
Babydolls .... Les baby doll
Hüftjeans .... Les jeans taille basse
Leggings .... Les caleçons
Ballerinas .... Les ballerines

Stiefeletten..........................Les bottines
Neckholder-Tops..................Les tops dos-nu
Röhren/Röhrenjeans...........Les jeans tubes

Dans la salle de bains

La touche finale, le grand style: comment nommer en allemand tous ces ustensiles absolument indispensables au maquillage et à la beauté du corps!

Darf ich mal ... benutzen? ..J'peux t'emprunter...?
ein bisschen Make-up........un peu de maquillage
deinen Kajal ....ton khôl
etwas Lidschatten ....un peu d'ombre à paupières
deinen Lippenstift...............ton rouge à lèvres
dein Lipgloss.......................ton brillant à lèvres
deine Wimperntusche.........ton mascara
ein bisschen Puder ....un peu de poudre

Ich hätte gern … ....Il me faudrait...
eine Wimpernzange............un recourbe-cils.
ein Schwämmchen
für Make-up........................une petite éponge pour le fond de teint.
eine Pinzette. ....une pince à épiler.
Duschgel/Shampoo. ....du gel douche/du shampooing.
einen Rasierer.....................un rasoir.
Gel/Haarspray. ....du gel coiffant/spray coiffant.
eine Feuchtigkeitscreme.....une crème hydratante.
Parfüm.................................du parfum.
Aftershave. ♂ ....de l'après-rasage.

Et spécialement pour vous mesdames...

Hast du vielleicht …...........Est-ce que t'aurais...
einen Tampon? ....un tampon?

eine Slipeinlage? .... un protège-slip ?
eine Binde? .... une serviette hygiénique ?

Faites-vous dorloter... !

Comment dire qu'on aimerait se faire du bien et prendre soin de soi... en allemand ? Parce qu'on le vaut bien...

Ich hätte gerne einen Termin für eine ...
J'aimerais prendre un rendez-vous pour un/une...
Gesichtsbehandlung. .... soin du visage.
Maniküre. .... manucure.
Pediküre. .... pédicure.
Massage. .... massage.

Pour les initiés

À l'étranger, subsiste à tort la rumeur selon laquelle les Allemandes ne se raseraient ni les jambes ni les aisselles. Pourtant, en Allemagne aussi, la traque du poil est depuis longtemps de mise, chez les filles... et de plus en plus chez les garçons !

Ich würde mir gerne die ...
mit Wachs enthaaren lassen. Je voudrais une épilation à la cire...
Beine .... des jambes.
Bikinizone .... du maillot.
Achseln .... des aisselles.

Bien dégagé autour des oreilles

Comment se faire faire une coupe stylée en allemand :

Wo gibt es einen guten Friseur/Kosmetiksalon/ ein Nagelstudio?
Où est-ce que je peux trouver un bon coiffeur/institut de beauté/ une bonne onglerie ?

Ich will einen fransigen Schnitt/eine neue Frisur.
Je voudrais un dégradé / une nouvelle coupe.

DANS LES FAITS En Allemagne, le coiffeur ne s'occupe que des cheveux ; pour les soins des ongles et de la peau, faites-vous dorloter dans un institut de beauté. Pour vos ongles, vous pouvez vous rendre dans une onglerie (*Nagelstudio*). Il existe aussi des centres qui font à la fois salon de coiffure, institut de beauté et centre de manucure.

Ich hätte gerne einen geraden/asymmetrischen Pony.
Je voudrais une frange droite / asymétrique.

Ich möchte einen Stufenschnitt.
Je voudrais un dégradé.

Bitte etwas fransiger. ....Un peu plus effilé, s'il vous plaît.

Ich möchte
meine Haare ....Je voudrais...
tönen. ....une couleur.
färben..................................une teinture / une couleur.
blondieren...........................un balayage.

Ich hätte gerne Strähnchen.
J'aimerais me faire faire des mèches.

Mir gefällt der Typ mit den ...
Haaren.................................Ce garçon aux cheveux... me plaît.
lockigen ....bouclés
schwarzen...........................bruns
braunen...............................châtains
dunkelblonden....................blond cendré
roten...................................roux

Oh, der Typ mit den Dreads ist heiß!
Waow, le mec aux dreads est trop canon !

Die … ist süß! .... La... est mignonne !
Blonde .... blonde
Rothaarige .... rousse
Braunhaarige/Brünette .... brune

Piercings et tatouages

Les fringues ne font pas tout. La mode est aussi une affaire de corps :

Hast du ein Piercing/Tattoo?
Est-ce que t'as un piercing / tatouage ?

Er/Sie hat ein … .... Il / Elle a un piercing
Brustwarzen-Piercing. .... au mamelon.
Augenbrauen-Piercing. .... au sourcil.
Bauchnabel-Piercing. .... au nombril.
Plus fréquent chez les filles.

Zungen-Piercing. .... sur la langue.
Lippen-Piercing. .... sur la lèvre.
Prinz Albert. ♂ .... sur le pénis.
Eh oui, messieurs, là aussi, c'est de plus en plus courant…

Daniel ist total zugetackert!
Daniel a plein de piercings partout !

Er/Sie hat ein/einen … .... Il / Elle a un...
geiles Tattoo. .... tatouage d'enfer.
Le tatouage et le piercing sont devenus tellement courants que ce sont plutôt ceux qui n'ont ni l'un ni l'autre qui font figure d'exception.

Schultertattoo. .... tatouage à l'épaule.

Arschgeweih/
Schlampenstempel. ♀ .... tatouage sur les fesses.
Littéralement « ramure de cul » / « poinçon de salope »...

Oberarmtattoo .... tatouage sur le bras.

DANS LES FAITS En Allemagne, n'importe qui peut ouvrir une boutique de piercing et se proclamer pierceur. Donc si vous voulez vous faire faire un piercing, attention à l'hygiène et à votre première impression quand vous entrez dans la boutique.

8 Le corps

La vérité toute nue sur le corps, ses parties et ses fonctions…

- *Jambes fines, ventre plat, fesses sexy, belle poitrine, etc...,*
- *Beurk ! Tout ce qui est crade, du rot au pet !*

The perfect body...

Voici comment parler des corps en allemand, les beaux comme les moins beaux...

Martina................................ Martina a...
hat einen leckeren Body..... a un corps de rêve.
ist 'ne Schleckrosine.......... est un vrai canon.
hat scharfe Beine................ a des jambes d'enfer.
hat ein krasses Gestell....... est très bien foutue.
hat riesige Tüten.. 🌶 .... a de gros nichons.
ist 'ne super Puppe............. est super bien gaulée.
hat ein geiles Fahrgestell... a un beau cul.

Mark .... Mark...
hat voll das Sixpack. .... a des super tablettes de chocolat.
ist 'ne Knochenschleuder. 🌶🌶.... est un vrai sac d'os.
ist ein Gehsteigpanzer. 🌶🌶......... est une armoire à glace.
Littéralement : « un char d'assaut pour trottoir ».
hat Klingeldrähte. 🌶.......... a des jambes comme des allumettes.
ist ein Korallenriff. 🌶🌶..... est plein de boutons.
hat 'nen Gesichtspullover.... a une barbe qui lui mange le visage.
Littéralement : « a un pull pour visage ».

Daniel hat eine Mördergurke.
Daniel a une grosse bite.
Martin ist das super Schnitzel!
Martin est super bien gaulé / baraqué !
Tom hat voll das krasse Waschbrett.
Tom a un super ventre plat et musclé.
Littéralement : « une planche à laver ».

Dennis … .... Dennis...
hat einen Brauereitumor..... a un gros bide.
Littéralement : « une tumeur de brasserie ».

hat voll die Ceranplatte. .. est un crâne d'œuf.
ist ein Hobbit....................... est un nabot.

Daniela ist flach wie eine Flunder.
Daniela est plate comme une limande.
Sie/Er ist 'ne Drahtfresse. .. Il / Elle a un appareil (dentaire).
Der Typ ist voll die Bühü..... Ce type est un gros tas.
„Bühü" est la contraction de „Büffelhüfte" : « hanches de buffle ».

NON CENSURÉ

Voici des termes importants à connaître :
Breitarschantilope .... Une fille foutue comme une poire.
Igelschnäutzchen ...... Des seins minuscules.
Si la fille concernée vous entend, elle risque de vous en coller une.

Titten/Möpse/Höcker/Tüten
Nichons / lolos / nibards / melons

Im Film sieht man seine /seinen … .... Dans le film, on voit son / sa...
Schwanz. .... queue
Gurke.................................. bite
Boa. .... zob
Nahkampfstachel. .... popol.

– Ahnst du die Möpse, Alder!
– Mate un peu les nichons, mec !
– Boah, übertrieben!
– Putain, géant !

Dennis hat ’nen riesigen Hauptgenerator.
Dennis a une très grosse bite.

Martin ist voll der Kampffusel.
Martin est une vraie teigne.

Die Alte sieht aus wie ein Klötenknacker.
Cette gonzesse à l’air d’une Domina.

Der Typ ist ’ne Anabolikafresse.
Ce type est un Monsieur muscle avec une sale gueule.

Mark ist von oben bis unten zugelasert.
Mark est tatoué de la tête aux pieds.

Tina ist endsoptisch.
Tina fait mal aux yeux tellement elle est belle.

Klaus hat ’ne Scheißfriese.
Klaus a une coiffure de naze.

chapitre 8

Cours d'anatomie

Les morceaux qu'il faut savoir nommer…

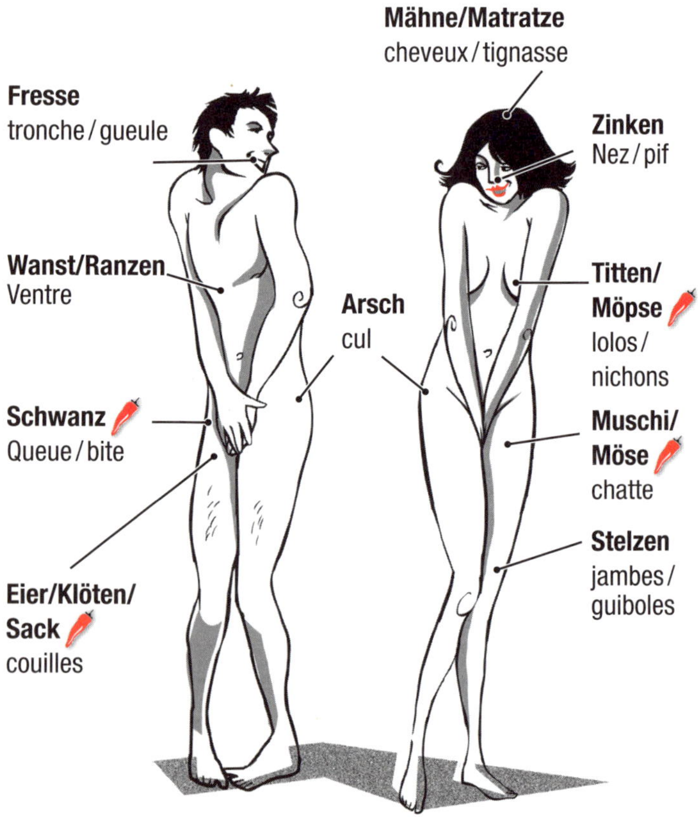

Petits désagréments...

Même quand on a un corps parfait, on n'échappe pas à ce genre de soucis :

Oh Scheiße, ... Oh merde, j'ai...
ich hab Mundgulli. .... mauvaise haleine / Je pue de la gueule.
ich bin ein Clearasil-Testgelände. .... la gueule pleine de boutons.
ich hab Achselterror. .... je pue la sueur sous les bras.
ich hab 'nen Pickel. .... un bouton.
ich hab 'ne Pestlippe. .... de l'herpès.

Fonctions corporelles

Beurk ! Dégueu ! Crade ! Comment ça se dit en allemand ?

Ich muss mal schiffen. .... Faut que j'aille faire pipi.
Ich geh mal dillern. .... Je vais pisser (un coup).
Ich geh mal die Boa würgen. .... Je vais faire pleurer le colosse.

Littéralement : « je vais étrangler le boa ». Ça signifie aussi se masturber.

Ich geh einen Bob in die Bahn werfen. .... Je vais couler un bronze.
Ich muss mal dönern. .... Je vais lâcher une perlouse.
Muss mal scheißen. .. Je vais chier.
Ich muss kacken. .... Je vais faire caca.

Beurk !

Expressions sales pour des choses peu ragoûtantes...

Ich geh mal würsteln. .... J'vais chier / couler un bronze.
Da hat einer Gesäßhusten. ... Quelqu'un a lâché une perlouse.

Littéralement : quelqu'un a « une toux du derrière ».

chapitre 8

Wer hat hier gedönert?....... Qui a pété ?
Da hat einer Analhusten...... Quelqu'un a loufé.
Wer hat eine Furzgranate geworfen?...... Qui a lâché un gaz ?
Er hat aus dem Arsch gepisst. .... Il a la chiasse.

Restez dignes...

– Du hast da was an der Nase.
– T'as une crotte de nez.
– Tschuldigung, wie peinlich!
– Désolé, bonjour la honte !
– Mach dir keine Gedanken.
– T'inquiète, c'est pas grave.

Ich muss mal abgallen. ...... Je vais gerber.
Ich hab Krümelhusten. .... Je vais dégueuler.
Ich geh mal die Maus klicken.
Je vais me branler / me faire une branlette.
Das ist voll die Moppelkotze.
C'est trop dégueu.

Tu te sens bien ?

Malade ? Voici comment le dire plus précisément :

Ich habe ... . J'ai...
Rüsselpest. .... un rhume.
Wanztrammeln.................... mal au bide.
KDS-Diät............................. la chiasse.

KSD correspond à : „Kack-dich-schlank", soit « régime "je chie, donc je maigris" ».

Kloschüsselsprenger/
Sprühwurst. .... la courante.
Schädelficken. .... mal à la tête.
eine Darmgrippe. .... une gastro.

Ich muss göbeln/Schüsselbrüllen.
Je vais dégobiller.
Ich dreh gleich am Teller.
Je vais péter les plombs.
Ich fühle mich wie ein Toastbrot.
Je suis malade à crever.
Ich hab heute keinen Turn.
J'ai pas la pêche aujourd'hui.
Ich fühl mich scheiße.
Je me sens super mal.

9 La technologie

Parler informatique en allemand : les ordis, Internet, le chat, etc. Assurez « on line » !

- *La langue du net et le jargon informatique,*
- *La langue des initiés pour rédiger ses e-mails, parler dans les forums et les chats,*
- *Tous les mots utiles pour tous ceux qui sont atteints de téléphonite aiguë,*
- *Les meilleures abréviations pour les SMS.*

Pro du mulot

L'informatique pour les nuls – et en allemand !

Mach den Rechner/die Kiste an.
Allume l'ordi / la bécane.

PC oder Mac?......................C'est un PC ou un Mac ?

Kann ich mal meine Mails checken?
Je peux regarder / jeter un coup d'œil à mes mails ?

Die Meatware ist das Problem!
Le problème, c'est le facteur humain.

Du musst diesen Patch aufspielen.
Il faut que t'utilises ce patch.

Schau auf die Map..............Regarde sur la carte.

Du bist echt der Tastenhengst!
T'es un vrai pro du mulot !

Hast du deinen Lappi dabei?
T'as pris ton portable ?

Hat das Teil WLAN?.............Y a le wifi sur ce truc ?

Les Français disent WIFI (Wireless Fidelity), les Allemands WLAN (Wireless Local Area Network).

Willst du surfen?.................Tu veux surfer ?

Besoin d'aide ?

– Scheiße, mein Rechner ist abgerauscht.
– Merde, ma bécane a planté.
– Lass mich mal.
– Fais voir / Laisse-moi essayer.
– Krönungsbedürftig!
– Trop cool !

chapitre 9

À l'aide ! Ma bécane déconne !

Petit problème technique ?
Voilà comment décrire les symptômes en allemand :

Mein Compi ... . Mon ordi...
hat sich aufgehängt. .... a planté.
ist abgestürzt. .... a crashé.
ist hängen geblieben. .... est tombé en rade.
hat einen Festplattencrash. . Le disque dur est foutu.
hat kein WLAN-Connect. .... Le wifi ne marche plus.

Das Teil hat ... . La bécane...
einen Virus. .... a chopé un virus.
funzt nicht mehr. .... est HS / tombée en rade.
ist total im Arsch. .... est complètement foutue.

Kannst du mir das mal brennen?
Tu peux me le graver ?
Wo ist der USB-Stick?
Où est la clé USB ?
Du musst die Kiste booten.
Faut redémarrer / rebooter la bécane.

Pour les initiés

En Allemagne, il existe de plus en plus de cafés qui ont un accès wifi. Il suffit de s'asseoir, de se logger, et c'est parti pour le surf sur le web. Il faut généralement consommer ou payer le temps de connexion, mais parfois, le tout est gratuit. Un moyen pratique de regarder ses mails sans devoir rentrer chez soi ! On reconnaît ces cafés à leur enseigne « Hot Spot ».

Les e-mails

Pas de panique, l'essentiel est sur cette capture d'écran :

Posteingang **Neue Nachricht** **Adressbuch** **Hilfe** **Drucken** **Schließen**

Senden **Antworten** **Allen antworten** **Weiterleiten**

Löschen

An: .... À :
Von: .... De :
Cc: .... Cc :
Betreff: .... Objet :
Anlagen: .... Pièces jointes :

Hi Stephan,	Salut Stephan,
wie geht's?	ça va ?
Hier hast du ein Foto von der Party!	Voici une photo de la fête !
Grüße an deinen Bruder.	Bonjour à ton frère.
Bis später,	A+
Tom	Tom

Logout/ Abmelden

Posteingang	**Neue Nachricht**	**Adressbuch**	**Hilfe**	**Drucken**	**Schließen**
Boîte de réception	Créer un message	Carnet d'adresses	Aide	Imprimer	Fermer

Senden	**Antworten**	**Allen antworten**	**Weiterleiten**
Envoyer	Répondre	Répondre à tous	Transférer

Löschen	**Logout/ Abmelden**
Supprimer	Déconnecter

chapitre 9

Communication virtuelle

Pour chater et envoyer des mails en allemand :

Deine Page ist krass. .... Ta page d'accueil est géniale.
Diese Page ist endcool. .... Cette page web est trop cool.
Schickst du mir den Link? ... Tu m'envoies le lien ?
Bist du im Messenger/iChat? Tu chattes sur Messenger / iChat ?

En Allemagne, presque tous les jeunes ont un compte sur une messagerie instantanée. Les plus populaires sont celles de Hotmail, MSN et AOL.

Pour les initiés

Attention : sur les chats, on ment souvent. Une super nana au corps de rêve peut se révéler être un mec qui voulait juste vous mener en bateau. Ne vous fier donc pas à n'importe qui, soyez vigilants. Surtout, ne donnez pas d'infos trop personnelles. S'il ou elle vous donne son numéro de portable, c'est déjà bon signe.

Wie ist dein Nickname?...... C'est quoi, ton pseudo ?
Hast du seinen Blog gelesen?
T'as lu son blog ?

Les acronymes pour le chat

Les acronymes ? Mais si, vous savez, ces petits raccourcis qui rendent la communication plus rapide et plus amusante sur les chats, sans se soucier de l'orthographe…

Was geht? .... Quoi de neuf ? / koid9 ?
How r u? .... Ça va ?

« r » et « u » sont pratiques car ils se prononcent comme les mots anglais « are » et « you ». On fabrique même parfois des expressions entières, par exemple **„2hot4u"** *(too hot for you), c'est-à-dire « trop canon pour toi ».*

HDF	**Halt die Fresse.**	ta gueule
BAB	**Bussi auf Bauchi.**	bisous sur ton ventre
GIGGLE	**hysterisches Kichern**	rire hystérique
GRINS	**Grinsen**	sourire
MOMTEL	**Moment bitte, habe ein Telefonat.**	une seconde, téléphone
MFG	**megafreches Grinsen**	sourire super vache
GN8	**Gute Nacht.**	bonne nuit
FUBAK	**furchtbar böse den Arsch voll kriegen**	ça me gave grave
FUDHUK	**fall um den hals und knuddel**	bisous bisous
DWB	**dumm wie Brot**	plus con(ne) tu meurs
BLBR	**Bussi links, Bussi rechts**	bisous sur chaque joue
BB	**Bis bald.**	à plus (A+)
MOF	**Mensch ohne Freunde**	mec (nana) sans ami

Les acronymes anglais sont constamment utilisés par les jeunes Allemands. Voici les principaux :

Chat:	Anglais	Français
STFU	**shut the fuck up**	ta gueule
LOL	**laughing out loud**	mort de rire (mdr)
ROFL	**rolling on the floor laughing**	plié de rire
LMAO	**laughing my ass off**	mort de rire (mdr)
HAK	**hugs and kisses**	bisous
2L8	**too late**	trop tard
AFK	**away from keyboard**	pas au clavier
AFAIK	**as far as I know**	autant que je sache
CU	**see you**	à plus (A+)
CUL	**see you later**	à tout à l'heure (@tte)
CUT	**see you tomorrow**	à demain

ES............ **evil smile** .... sourire méchant
G2CU............ **glad to see you**..............content(e) de t'avoir vu(e)

Gaston, y'a le téléfon... !

Ça sonne !

Wo ist mein Handy?
Il est où, mon portable ?

Hallo. .... Allô ?
Hi, ich bin's. .... Salut, c'est moi.
Si le numéro s'affiche, votre interlocuteur sait qui vous êtes.

Hi, hier ist Stephan. .... Salut, c'est Stephan.
Variante plus polie, quand l'interlocuteur ne vous connaît pas.

Moment!/Sekunde!............. Une minute / Une seconde !

SMS

Des messages courts et efficaces !

Wobidu? (Wo bist du?)
T'es où ?
Sims (mir deine Adresse.)
Envoie-moi ton adresse (par SMS).
luv ya (Ich liebe dich.)
JTM (je t'aime).
Hdl (Hab dich lieb!)
Tu me plais.
MfG (Mit freundlichen Grüßen)
Je t'embrasse / Bisous

Parler en images... Rien que des smileys, un peu «gonflant», non ? Alors innovez...

:D .... rire
:P .... tirer la langue

@_@ .... mater / zieuter
-_______- .... dormir
^_______^ .... être content

Pour les initiés

Si vous ne séjournez en Allemagne que quelques mois, le portable avec carte prépayée est la meilleure solution. Pas de frais de base. On peut être appelé ou envoyer des SMS. En Allemagne aussi, seuls les nuls téléphonent d'une cabine…

Bloquer — Ajouter contact — Chatter — Afficher profil — Envoyer

chapitre 9

Instant Messaging

Encore faut-il maîtriser la langue des initiés...

Instant message:	Allemand	Français
Yo Digger, alles gut?	**Hallo mein Freund, geht's dir gut?**	Salut, mec. Ça roule ?
Momtel	**Moment, bin am Telefon.**	Minute, suis au téléphone.
rehi. Wassup?	**Bin wieder da, was gibt's?**	OK, c'est bon. Quoi de neuf ?
Heut Abend Barrio?	**Treffen wir uns heute Abend an unserem Platz?**	Ce soir au Barrio ?
Auf keinsten. Hab zu tun *grins*	**Auf keinen Fall, ich hab da noch was zu tun. Ich muss grinsen.**	Non, suis occupé. je me marre
lol Doch nicht das Filet?	**Laut lachen. Doch nicht etwa diese hübsche Frau?**	Mort de rire. Avec la meuf canon ?
mg	**Mega-Grinsen.**	Complètement mort de rire.

Ragots et papotages 10

Parler en bien, en mal, de soi, des amis, ou de la famille.

- *Parler de ses amis,*
- *Garder des secrets ou les révéler à tout le monde,*
- *Parler de sa famille,*
- *Casser quelqu'un de façon efficace… !*

chapitre 10

Les vrais amis

Vous avez rencontré des gens vraiment sympas ? Racontez !

Der Typ ist ein Schatzi......... Ce type est un amour.
Sabine ist echt süß............. Sabine est vraiment adorable.
Tom ist voll korrekt............. Tom est super réglo.

Er ist mein …...................... C'est mon...
Kumpel. ♂ .... copain
Kollege. ♂ .... pote
Buddy. .... pote
bester Freund....................... meilleur ami
Droog. ♂ .... pote

La chère famille

Comment présenter sa famille en allemand :

Mein/Meine …
ist total super! .... Mon / Ma … est génial !
Mama/Mom/
Ma/Alte 🌶/Mutti................. mère / maman
Papa/Dad/
Pa/Alter 🌶/Vati.................. père / papa / paternel / vieux
Brüderchen/Bro .... frère / frangin
Schwesterherz/
Schwesterchen/Sis............ sœur / frangine
Omi/Oma .... grand-mère / mamie / mémé
Opi/Opa .... grand-père / papy / pépé
Halbschwester.................... demi-sœur
Stiefschwester.................... demi-sœur

Il s'agit de la fille du compagnon de la mère ou de la compagne du père. Il n'y a pas de lien de sang.

Halbbruder .... demi-frère

Stiefbruder .... demi-frère

Il s'agit du fils du compagnon de la mère ou de la compagne du père. Il n'y a pas de lien de sang.

J'peux pas l'sentir !

Quand vous ne pouvez vraiment pas voir quelqu'un en peinture...

Die Braut ist doch derbe durch, oder?
Elle est complètement chtarbée, cette meuf, hein ?

Der Typ is so'n Hater! .... Ce type est vraiment chiant !

Diese Tussi pack ich überhaupt nicht!
Je peux pas saquer cette nana.

Daniel geht gar nicht!......... Je peux pas encadrer Daniel.

Mit Susis neuem Freund komm ich überhaupt nicht klar.
Je peux pas blairer le nouveau copain de Susi.

Ragots

Voici de quoi répandre les dernières rumeurs :

Hast du schon gehört? .... T'es au courant ?

Ich hab die Hammer-News! J'ai un scoop d'enfer !

Du glaubst es nicht! .... Tu vas pas le croire !

Weißt du schon das Neueste? .... Tu connais la dernière ?

Da kommst du nie drauf! ... Tu devineras jamais !

Rate mal, was ich gehört hab …
Devine ce que j'ai entendu dire…

Top Secret

Comment s'assurer que votre confident sera muet comme une tombe :

Kannst du was für dich behalten?
Tu peux garder un secret ?

Ich erzähl es dir, aber es bleibt unter uns!
Je vais te le raconter, mais ça reste entre nous / tu le gardes pour toi !

Das ist supergeheim, erzähl's keinem!
C'est top secret, ne le dis à personne !

Ich hab nichts gesagt …
Mais j'ai rien dit, moi...
Avec un air innocent, c'est encore plus efficace !

J'le crois pas !

Vous venez d'apprendre une nouvelle trop énorme pour la garder pour vous tout seul ? Alors allez-y et voilà ce qu'on vous répondra :

Nee, oder? .... Non, c'est pas vrai !
Is' ja dick!/Is' ja geil! .... C'est trop / J'hallucine !
Ich fass es nicht! .... J'arrive pas à y croire !
Nie im Leben! .... Jamais de la vie !
Ja, ja, alles klar! .... Mais oui, c'est ça !
Deine Mudda! .... Arrête tes conneries !
Littéralement : « ta mère » !

Wayne? .... Rien à battre.

Wie bist du denn drauf?!
Mais qu'est-ce qui t'arrive ?

Halt einfach die Schnauze und verpiss dich!
Ferme ta gueule et casse-toi !

Du erzählst doch nur Scheiße!
Tu racontes que des conneries !

Geh kacken! .... Va te faire foutre !

Komm mal runter, was is' das denn für'n Scheiß!
Attends, c'est quoi, ces bobards à la con ?

Never ever! .... Jamais de la vie !

– Erzähl's mir, ich behalt es für mich!
– Allez, raconte, je le garde pour moi !
– Thomas hat 'ne andere.
– Thomas trompe sa copine.
– Is' nich' wahr!
– C'est pas vrai !

Dire du mal

Médire de quelqu'un, c'est tellement bon ! Voilà comment vous y prendre pour faire une réputation à votre meilleur(e) ennemi(e).

Robert ist … .... Robert, c'est...
so ein Nerd! .... un naze / pauvre type !
voll der Honk. .... un blaireau / crétin.
ein Snob. .... un snob.
ein Nub/Noob/Newbi. .... un bleu.

Britta ist … .... Britta, elle est / c'est…
'ne Bitch. .... une salope.
'ne Zicke. .... une pétasse.
'ne Schleimscheißerin. .... une cireuse de pompes.
total verklemmt. .... hyper coincée.
völlig schizo. .... complètement chtarbée / allumée.
total gestört. .... complètement débile.
'ne arrogante Tussi. .... elle se la pète grave.

Was für … .... Mais quel...
ein Vollhonk! .... con !
ein Idiot! .... abruti !
ein Volltrottel! .... crétin !
eine Labertasche! .... moulin à paroles !

ein Assi! .... naze !

Assi est la contraction de „Assozialer".

Kevin rallt gar nix. .... Kevin entrave que dalle.

Der Typ ist so hängen geblieben!
Ce mec, c'est un vrai blaireau !

Mark hat null Peil................. Mark pige que dalle.

Sarah ist grenzdebil. .... Sarah est gogol.

Grosse colère

En rogne ? Allez-y, laissez libre cours à votre colère !

Zur Hölle damit! .... Rien à foutre / cirer !

Du Penis! .... Enfoiré !

Ich kotz gleich! .... Je vais exploser !

Littéralement : « je vais dégueuler ».

Ich bring ihn um! .... Je vais le tuer !

Lass stecken, du Arschgeige!
Laisse tomber, espèce d'enculé !

Was schiebst du denn für 'nen Film?
Non mais tu t'y crois !

Keep cool

Vous avez un ami pour lequel ça ne va pas fort ? Essayez de le réconforter avec ces expressions :

Komm erst mal runter! ...... Allez, calme-toi !

Das ist der Arsch doch echt nicht wert!
Ce salaud n'en vaut pas la peine.

Mach dir wegen dem/der keinen Kopf.
Te prends pas la tête pour lui / elle.

Bleib mal locker/cremig/geschmeidig/flauschig.
Reste cool / zen.

Scheiß drauf! .... Tu l'emmerdes !

Da geb ich keinen Fick drauf!
Je m'en bats les couilles !

Ferme-la !

Voilà comment réduire au silence ceux qui racontent des bêtises.

Laber nich! .... Arrête tes bobards !
Erzähl keinen Scheiß. ... Arrête tes conneries.
Komm mal klar, Alter! .... Ta gueule, mec !
Du bist so scheiße, ey! .. T'es vraiment un putain d'enfoiré !
Du bist so eine Dreckschleuder! .... T'es un gros salopard !
Pass auf, was du sagst, sonst zentrier ich dir eine!
Fais gaffe à ce que tu dis, ou je t'en colle une !

NON CENSURÉ

Un choix d'insultes classiques...
À utiliser toutefois avec beaucoup de précautions !

Arschloch! 🌶🌶 .... Enculé !
Le grand classique...

Schwanzlutscher! ♂🌶🌶 . Enfoiré !
Sackgesicht! 🌶🌶 .... Connard !
Spast! 🌶🌶 .... Pauvre deb' ! / Gogol !
Nullchecker! .... Espèce de naze !
Schlampe! ♀🌶🌶 .... Salope ! / Pouffiasse !
Fotze! ♀🌶🌶 .... Connasse !
„Fotze" signifie aussi « con » dans le sens du sexe féminin.

Hurensohn!/
Hundesohn! ♂🌶🌶 .... Fils de pute !
Wichser! ♂🌶🌶 .... Branleur !
Même connotation sexuelle en allemand.

Miststück! .... Pétasse ! / Bâtard !
S'emploie plus souvent pour désigner une fille.

NON CENSURÉ

... Et voici comment contre-attaquer !

Leck mich! .... Va te faire foutre ! / Je t'emmerde !

Fick dich! .... Va te faire enculer !

Verpiss dich! .... Fous le camp !

Geh kacken! .... Dégage !

Fahr zur Hölle! .... Casse-toi !

Das geht mir am Arsch vorbei! .... J'en ai rien à foutre ! / Je m'en bats les couilles !

Bla bla bla! .... Cause toujours !

Pour les initiés

Bla bla bla s'emploie souvent en allemand comme explétif, comme dans la phrase suivante : „*Naja, bla bla bla, und dann sagte er noch ...*" (« alors bla, bla, bla, et puis, il a dit aussi... »). Ça fonctionne également à la fin d'une phrase, tout comme *bla und blubb*, qui correspond à « etc ».

11 Manger

Parler bouffe en allemand, mais pas la bouche pleine !

- *Tout le vocabulaire et les expressions utiles pour les grosses dalles et les soifs d'enfer,*
- *Les fast-foods & Co.,*
- *Les troubles de la digestion et comment se comporter à table.*

L'appel du ventre !

Que dire quand on est affamé ?

Ich hab 'nen Mordshunger.
J'ai une faim de loup.

Ich sterbe gleich vor Hunger/Durst.
Je crève de faim / soif.

Ich brauch was zwischen die Zähne.
J'ai une de ces dalles !
Littéralement : « Faut que je me mette quelque chose sous la dent ».

Ich brauch Kalorien. .... Il faut que je bouffe.
Ich werd so richtig reinhauen. .... Je vais me goinfrer.

Sortir manger

Là où votre estomac vous guide…

Komm, wir gehen …........... Et si on allait…
in 'nen Frittenbunker.......... dans un fast-food.
Littéralement : « dans un bunker à frites ».

in ein Lokal. .... au resto.
ins Restaurant zur goldenen Möwe/ zum Mäc. .... au restaurant à La mouette dorée / au Macdo.
in ein Café........................... au café.
zur Burger Queen................ au Burger King.
Jeu de mots sur „King" et „Queen" surtout pratiqué entre gays.

Wir gehen einen pitschen.
On va se taper une bière.
À utiliser dans la région de la Ruhr.

Chapitre 11

Wir gehen snacken.
On va grignoter quelque chose.

Alles zum Mitnehmen./Bitte einpacken.
À emporter, s'il vous plaît.

Ich nehm 'ne Assischale.
Je vais prendre une portion de saucisse au curry avec des frites.
Littéralement: « écuelle de l'associal » Expression surtout courante en Rhénanie et en Westphalie.

Für mich Pommes rot/weiß.
Pour moi, ce sera des frites ketchup mayo.
On appele ça aussi „Pommes-Schranke" (« frites barrière ») comme la barrière rouge et blanche du passage à niveau.

Wir gehen Kalorien tanken.
On va faire le plein de calories.

Wir gehen 'ne Mafiatorte futtern.
On va se taper une pizza.
Littéralement: « une tarte pour mafia ».

Ich hol mir schnell was zum Mitnehmen/auf die Hand.
Je file me chercher un truc à emporter.
Du kebab au tex-mex, en passant par les fast-foods ou les stands où l'on peut déguster la « Currywurst » nationale, Les Allemands adorent la nourriture à emporter.

Komm, wir gehen zum ...... Allons chez…
Italiener. .... l'Italien.
Chinesen. .... le Chinois.
Thailänder. .... le Thaïlandais.
Spanier. .... l'Espagnol.
Türken. .... le Turc.

Pour les initiés

Les Allemands ont une véritable passion pour la « Currywurst » : saucisse (grillée ou frite) servie avec une sauce au curry et accompagnée de frites.

Bien mangé ?

Voilà quoi dire, que le repas vous ait plu ou non.

Miammiam! .... Miam miam !
Superlecker! .... Hyper bon !
Das war superfein! .... C'était délicieux !
Was für ein Fraß! .... Qu'est-ce que c'est dégueulasse !
Igitt, war das eklig. .... Beurk, c'était super mauvais.

Diesen Scheiß könnt ihr sonstwem vorsetzen!
Vous pouvez remporter ces cochonneries / cette merde en cuisine !

La grande bouffe

Déjà rassasié ? Voici comment refuser qu'on vous resserve.

Ich bin total voll. .... J'en peux plus.
Ich kotz gleich. .... Je vais vomir.

Ich bin voll bis zum Anschlag.
Je suis plein(e) comme une outre.

Ich kriege keinen Bissen mehr runter.
Je peux plus rien avaler.
Ich platze gleich. .... Je vais exploser.

Das Essen … .... La nourriture / bouffe...
war voll keimig. .... était super dégueu.
war Spliss. .... était mauvaise.

liegt wie ein Stein
im Magen. .... m'est restée sur l'estomac.
Ich glaube,
ich muss gleich … .... Je pense que je vais...
göbeln. .... dégueuler.
kotzen. .... dégueuler.
abgallen. .... dégobiller.
Würfel husten. .... gerber.
die Schüssel umarmen. ...... gerber.

DANS LES FAITS En Allemagne, on trouve partout des chaînes de fast-food, même si cette culture de la restauration rapide n'est pas aussi répandue que chez les Britanniques ou les Américains. De plus en plus de petits restaurants proposent un menu peu onéreux pour le déjeuner, avec souvent une boisson incluse, par exemple les restos chinois, japonais ou thaïlandais. Par ailleurs, il existe maintenant de nombreux snacks proposant des plats européens servis avec des légumes ou des pâtes. On y mange vite et assez peu cher.

Comment se tenir à table...

Votre entourage ne sait pas se comporter à table ?

Michi frisst wie ein Schwein.
Michi bouffe comme un porc / s'empiffre comme un goinfre.

Tobi haut rein wie ein Scheunendrescher.
Tobi bouffe comme quatre.

Dennis ist der volle Aquaholiker.
Dennis est potomane.

Klaus ist voll der Stopfer.
Klaus est un vrai morfal.

Rebekka ist voll das Gerippe.
Rebekka est anorexique.

Daniela hat Fress-Kotzsucht.
Daniela est boulimique.

Allergies

Mieux vaut savoir dire ce qu'on ne peut ni ne doit manger avant de commencer le repas :

Darauf bin ich allergisch.
Je suis allergique à ça.

Auf Fisch kriege ich voll Krätze.
Le poisson me donne de l'urticaire.

Ich hab 'ne Laktose-Intoleranz.
J'ai une intolérance au lactose.
Pas question donc de vous proposer un verre de lait…

Ich esse kein Fleisch. .... Je ne mange pas de viande.
Ich bin Vegetarier................. Je suis végétarien(nne).
Ich bin Veganer. .... Je suis végétalien(enne).

12 Vie nocturne

Éclatez-vous en allemand !
Toutes les expressions branchées pour… :

- *Faire la fête et faire chauffer la piste,*
- *Picoler et en assumer les conséquences,*
- *Comprendre le langage codé des amateurs de fumée…*

On fait la fête !

Des expressions pour s'éclater toute la nuit !

Ich hab storm, heute Abend ist Party angesagt!
Mes vieux sont pas à la maison, on fait la fête ce soir !

Kommt ihr mit knipen heute?
Vous venez faire la tournée des bars ?
„Knipen" se prononce « knaïpen ».

Was geht ab? .... C'est quoi, le programme ?
Seid ihr am Start? .... Vous êtes partants ?

Heute geben wir uns die Kante!
Ce soir, on va se bourrer la gueule !

Meine Süße will zappeln gehen.
Ma meuf veut aller en boîte.

Lass uns heute Abend einfach chillen/abhängen.
Et si on restait peinards / Et si on glandait un peu ce soir ?
Ne Runde zocken? .... On se fait une petite partie ?
Généralement dans le contexte des jeux vidéo.

Das burnt/rockt/geht ab! ... Ça déchire !

– Wir könnten doch heute einfach zu Hause abhängen?
– Et si on restait peinards à la maison ce soir ?
– Vergiss es, ich will feiern gehen!
– Laisse tomber, je veux faire la fête !

Wir gehen in … .... On va dans...
eine Kneipe. .... un bar / pub.
eine Bar. .... un bar à cocktails.

Bar en allemand correspond à un établissement assez chic.

'ne Disse. .... en boîte.
einen Club. .... dans un club.

En Allemagne, on se retrouve entre amis dans une „Kneipe" ou un „Bar" pour papoter ou pour prendre quelques verres avant d'aller danser en boîte.

Pour les initiés

En Allemagne, on ne sert pas de boissons alcoolisées telles que la bière ou le vin aux jeunes de moins de 16 ans. Quant aux alcools forts comme le schnaps, il faut attendre d'avoir 18 ans pour pouvoir en consommer. Pour ce qui est des boîtes de nuit ou des bars, les jeunes ne peuvent y entrer qu'à partir de 16 ans et n'y rester que jusqu'à minuit (sauf s'ils sont accompagnés d'un adulte). Les casinos et autres établissements de jeu sont interdits aux mineurs.

Contrôle d'identité

Darf ich deinen Ausweis sehen?
Vos papiers, s'il vous plaît.

Ça s'arrose !

Des expressions pour faire la fête bien arrosée toute la nuit.

Alder, heute is' Koma-Saufen!
Ce soir, mon pote, on va se bourrer la gueule !

Wir gehen auf 'ne Flatrate-Party!
On va se prendre une cuite en boîte !

Une Flatrate-Party est une soirée dans une discothèque où l'alcool est peu cher.

Pour les initiés

Le prix d'entrée dans les Flatrate-Partys se situe entre 5 et 12 €. On peut alors consommer tout l'alcool qu'on veut. Depuis la création de ce système, les intoxications à l'alcool chez les jeunes se sont multipliées et il y a même eu un décès. On va probablement voter une loi prochainement pour lutter contre ces abus.

Heute Abend … .... Ce soir, on va...
schießen wir uns ab. .... se bourrer la gueule.
geben wir uns ordentlich die Kante. .... se prendre la cuite du siècle.
gehen wir gediegen einen picheln. .... picoler comme des malades.

werden wir abstürzen.
gehen wir litern.
gehen wir bechern.
saufen wir bis zum Abkacken.
trinken wir uns komatös.
gehen wir gepflegt einen trinken.
gehen wir alken.
testen wir die Bierleitung.
zwiebeln wir uns einen in die Birne.
.... se biturer.
.... se torcher.
.... se soûler.

Willst du 'ne Mische? .... Tu veux un cocktail ?
Du bist dran! .... C'est ta tournée !
Nee, lass mal, ich muss fahren.
Non merci, je conduis.

chapitre 12

Effets secondaires

Quand ça commence à tanguer un peu…

Das Gesöff ist ganz schön stark, das haut voll rein.
Ce truc est balaise, je suis déjà allumé.

Moni hat schon ziemlich getankt.
Moni a déjà pas mal picolé.

Bine hat sich gestern total zugesoffen.
Bine a pris une de ces cuites hier.

Ich bin sternhagelvoll!
Je suis complètement rond(e) / Je suis déchiré(e) grave.

Stefan ist völlig dicht, der kackt gleich ab.
Stefan est super beurré, il va pas tarder à gerber.

Peter ist so hacke, dass er nicht mehr stehen kann.
Peter est tellement torché qu'il tient plus debout.

Claus ist total blau.
Claus est complètement bourré / blindé.

Tchin !

Prost!/Prosit! .... Tchin !
Zum Wohl! .... Santé !
Cheers! .... Tchin !
Stößchen! .... Tchin !
Prösterchen! .... Tchin !
Hau wech die Scheiße! 🌶 .. Allez, finis-moi ce foutu verre !
Hopfen und Malz –
ab in den Hals! .... À la tienne !
Littéralement : « houblon et malt, et hop dans le gosier ! »

Auf ex! .... Cul sec !
Auf dich!/Auf euch! .... À la tienne ! / À la vôtre !

Pour les initiés

Qu'est-ce qu'on boit en Allemagne ? Dans les *Kneipe*, beaucoup de bière et de vin. En Bavière, on sert la bière dans des chopes immenses d'un litre *(Maßkrug)*. On en boit des quantités phémonénales, surtout pendant la fameuse *Oktoberfest* (fête de la bière). Après le repas, il est courant de prendre un schnaps « pour la digestion » ou un café. Dans les bars et les boîtes, on boit des cocktails ou des mélanges comme du bacardi coca ou du gin tonic. Cela dit, ces boissons sont souvent assez chères…

Un verre ça va, deux verres…

Un verre, deux verres, trois verres…

Mir reicht's für heute.
J'ai eu ma dose.

Ich hab zu viel getankt.
J'ai trop picolé.

Peter säuft wie ein Loch!
Peter boit comme un trou !

Des lendemains difficiles…

Y a-t-il un médecin dans la salle ?

Ich kann mich an nichts erinnern.
Je me souviens plus de rien.

Totaler Filmriss!
Trou de mémoire !

Oh Gott, hab ich einen Schädel!
Oh là, là, j'ai mal à la tête !

Ich hab 'nen Kater.
J'ai la gueule de bois.

chapitre 12

Ich glaub, ich muss sterben.
J'ai l'impression que je vais crever.

„ **– Du warst so was von strunzbesoffen gestern.**
– T'étais complètement bourré hier.
– Ich kann mich an nichts erinnern. Aber Scheiße, bin ich verkatert!
– Je me souviens plus de rien.
Mais putain, j'ai une de ces gueules de bois !
– Jammer nich', selber schuld bei deinem Vollrausch!
– Râle pas, t'avais qu'à pas te prendre une cuite ! "

T'as une clope ?

Taxer une clope, demander du feu, etc. Tout ce qu'il faut savoir pour fumer en allemand :

Kann ich eine … haben?.... Tu peux me filer une... ?
Kippe .... clope
Ziggi .... clope
Ziese .... cibiche

Macht es was, wenn ich rauche?
Ça te dérange si je fume ?

Ich geh eine rauchen, kommst du mit?
Je vais m'en griller une, tu viens ?

Hast du Feuer?
T'as du feu ?

Heike raucht wie ein Schlot.
Heike fume comme un pompier.
En allemand, on dit « comme une cheminée ».

Ich gewöhn mir gerade das Rauchen ab.
Je suis en train de m'arrêter de fumer.

Pour les initiés

Les fumeurs n'ont plus la vie facile en Allemagne. Fumer dans les lieux publics et acheter des cigarettes est interdit aux moins de 16 ans. Pour en acheter au distributeur automatique, il faut une carte à puce sur laquelle doit figurer une preuve de l'âge du consommateur. Depuis septembre 2007, il est interdit de fumer dans les bâtiments publics et les transports en commun, taxis compris. Depuis 2008, dans de nombreux Länder, il est aussi interdit de fumer dans les cafés et les restaurants sauf dans les établissements disposant d'une salle fumeurs.

T'as fumé la moquette ?...

Personne ne prend de drogues, mais tout le monde en parle… !

Sie ist … .... Elle est...
total breit. .... complètement défoncée.
völlig stoned. .... complètement stone.
voll druff. .... en plein trip.
zugeballert. .... chargée.
high. .... Elle plane.

Er/Sie kifft. .... Il / Elle fume des pétards.
Er/Sie kokst. .... Il / Elle sniffe de la coke.
Ich nehme keine Drogen. ... Je ne prends pas de drogues.

NON CENSURÉ

Ich rauche kein … .... J' fume pas de / d'...
Dope. .... dope.
Gras. .... herbe.
Weed. .... foin.
Pot. .... beu.
Shit. .... shit.
Piece. .... hasch.

Auf der Party hat jemand einen Dübel/Joint geraucht.
À la fête, quelqu'un s'est roulé un joint / pétard.

In der Disco wollte jemand Koks verticken.
Dans la boîte, quelqu'un fourguait de la coke.

Ich würde nie Ecstasy nehmen.
Je prendrais jamais d'ecsta.

Les petits hommes bleus…

Expression à connaître, même s'il n'y a aucune raison de devoir les utiliser un jour !

Scheiße, die Bullen! ... Putain, les flics !

Hier kommt der Trachtenverein.
Voilà les keufs / les poulets.

Scheiße, jetzt haben sie uns am Arsch.
Merde, maintenant, ils nous collent au cul.

Ich hab einen Strafzettel/ein Ticket/ein Knöllchen bekommen, weil … .... J'ai eu un PV/une prune pour...
ich gerast bin. .... excès de vitesse.
ich bei Rot über die Ampel geheizt bin. .... avoir grillé un feu.
ich ein Stoppschild übersehen hab. .... avoir grillé un stop.
ich die Vorfahrt missachtet hab. .... parce que j'ai pas respecté la priorité.

Eric ist besoffen gefahren und von den Bullen angehalten worden.
Eric s'est fait arrêter par les flics pour conduite en état d'ivresse.
Sven ist ohne Führerschein erwischt worden.
Sven s'est fait cueillir alors qu'il roulait sans permis.

13 Loisirs

Musique, ciné, télé... ou comment :

- *Avoir les expressions cool pour parler de musiques cool,*
- *Discuter en pro de la dernière technologie (hi-fi, vidéo, etc.),*
- *Décrypter la télé allemande en VO.*

Musique cool

T'écoutes quoi comme musique ?

Ich mag … .... Je kiffe / J'aime...
Pop. .... la pop.
Alternativ. .... la musique alternative.
Indie. .... le rock indé(pendant).
Techno. .... la techno.
R&B. .... la R&B.
Hip-Hop. .... le hip-hop.
Heavy Metal. .... le heavy metal.
House. .... la house.
Rap. .... le rap.
Punk. .... le punk.
Hardcore. .... le hardcore.
Emo. .... l'emo.

Wir gehen aufs Britney-Konzert.
On va au concert de Britney (Spears).

Die Show gestern war endsgeil.
Le concert d'hier était génial.

Dreh auf, Alder!
Monte le son, mec !

Die Mucke im Auto muss hämmern.
La zicmu en bagnole, ça s'écoute à fond.

DANS LES FAITS Pour connaître les groupes et les morceaux branchés, il faut regarder les *Charts :* les listes sont exposées dans tous les magasins qui vendent des CDs. Très pratique pour retrouver une chanson que vous avez entendue à la radio mais dont vous ne connaissez pas le titre.

chapitre 13

Le bon matos

Tout ce qu'il faut pour écouter de la bonne musique :

Discman® / CD-Walkman
un Discman®

Radio
une radio

MP3-Player
un lecteur MP3

CD-Player
un lecteur de CDs

Pour les initiés

Tous les ados allemands ont un lecteur MP3, c'est incontournable. Il en existe de différentes tailles et avec différentes capacités de stockage. Un lecteur MP3 vous permet de vous balader avec tous vos morceaux préférés. Certains téléphones portables font aussi lecteurs MP3.

Le petit et le grand écran

L'essentiel du vocabulaire pour le petit et le grand écran :

Ich sehe gerne … .... J'aime bien regarder les…
Soaps. .... feuilletons.
Doku-Soaps. .... docu-fictions
Zeichentrickfilme/ Cartoons. .... dessins animés.
Reality-Shows. .... reality shows.
Talk-Shows. .... talk-shows.
Comedy-Serien. .... sitcoms.

Ich haue mich heute Abend vor die Glotze. .... Je me fais une soirée téloche.
Ich setz mich vor die Kiste. Je me fous devant la télé.
Dans un autre contexte, ça signifiera : « je me fous devant l'ordi ».

Hast du 'ne Fernsehzeitung? .... T'as un journal télé ?
Du hast doch Kabel, oder? ... T'as le câble,hein ?
La plupart des foyers allemands ont le câble ou la télé par satellite. En tout cas, les Allemands disposent d'une quantité de chaînes phénoménale.

Hast du Premiere? .... T'as la VOD / la télé à la carte ?

„Premiere" est la première chaîne de télévision à la carte créée en Allemagne, et la plus populaire. Ce système n'est pas aussi répandu que dans les autres pays.

Wir leihen uns einen Film aus.
On va se louer un film / un DVD.

Wir holen einen Film in der Videothek.
On va se chercher un film / un DVD au vidéo-club.

En Allemagne, les „Cinebank" poussent vraiment comme des champignons. Ce sont des vidéo-clubs sans personnel. Avec la carte Cinebank, on peut louer des films au distributeur automatique 7 jours sur 7 et 24 heures sur 24, et le tout pour pas cher !

Wir haben jetzt Satellit. ...... On a la télé par satellite.

Avec le satellite, on a accès à de nombreuses chaînes qui n'existent pas sur le câble.

Hast du Pay-TV? .... Est-ce que t'as la VOD ?

En Allemagne, on peut s'abonner à différentes chaînes payantes. On peut réserver un film sur le réseau et le regarder confortablement chez soi. Certaines offres ne sont pas trop chères, et contrairement au ciné, on n'est pas obligé de regarder la pub.

Ich mag … .... J'aime les...
Komödien. .... comédies.
Actionfilme. .... films d'action.
Horrorfilme. .... films d'horreur.
Pornofilme .... films pornos / de cul / de boules.
Krimis. .... polars.
Dramen. .... films dramatiques.
Agentenfilme. .... films d'espionnage.
Frauenfilme. .... films de filles.
Thriller. .... thrillers.

japanische Filme................. films japonais.
deutsche Filme. .... films allemands.

Depuis quelques années, le cinéma allemand fait un carton.

En Allemagne, les films sont systématiquement doublés, à la télé comme au cinéma. Les films en VO sous-titrés ne passent que dans de très rares cinémas d'art et d'essai.

Das soll der super Sommerknaller sein.
Il paraît que c'est la superproduction de l'été / le grand succès commercial de l'été.

Fünf Sesselpupser für diesen Film.
Ce film mérite cinq étoiles !

Cette expression vient d'une émission de radio allemande à succès (le « Mike Thiel Show » de Radio Gong), qui utilise des „Sesselpupser" comme unité d'appréciation des films : de 1 (bof...) à 5 (excellent!) „Sesselpupser" peuvent être attribués. L'animateur appuie ainsi autant de fois sur son „Pupskissen" (coussin à pets) que de „Sesselpupser" sont attribués à un film au cours de l'émission...

Un „Sesselpupser" est aussi littéralement un « péteur en fauteuil », soit quelqu'un qui a un travail de bureau et passe plus de temps assis sur son fauteuil que debout...

14 Gestes

Voici une sélection des gestes les plus courants que vous pourrez voir en Allemagne. Attention à bien décrypter leur signification !

Geht's noch?/Der spinnt wohl!

Ça va pas la tête ? / Il déconne !

Geste à utiliser avec discrétion pour se moquer d'une personne dans son dos… ou plus ouvertement pour montrer à tout le monde à quel point on trouve telle ou telle personne complètement à côté de la plaque.

„…"

« … »

(entre guillemets / soi-disant).

Parfait pour exprimer que quelque chose vous paraît louche. Par exemple « Il était soi-disant malade ».

Wir telefonieren.

On s'appelle / On se bigophone.

Quand quelqu'un est loin de vous et que vous voulez éviter de vous époumoner, cherchez son regard et faites ce geste. Il comprendra que vous allez vous téléphoner.

Küss meinen Arsch!!

Va te faire foutre !

Toucher d'abord ses fesses avec deux doigts, puis pointer ces deux doigts sur la personne qui est la source de l'agacement… Il ou elle comprendra tout de suite !

chapitre 14

Er holt sich einen runter./Er/Sie holt ihm einen runter./Du bist ein Wichser.

Il/Elle se branle./T'es un branleur!/C'est de la branlette!

Ce geste peut avoir une signification très directe – le mouvement de la main dit tout – ou peut signifier, au sens figuré, qu'une personne est très pénible ou fait n'importe quoi.

Ich will Dich.

J'ai envie de toi.

Se passer la langue sur la lèvre supérieure en prenant une expression de désir, un regard langoureux. Mais attention, il faut être sûr de soi! N'est habituellement utilisé que par les filles, mais pas exclusivement.

Er/Sie hat zu viel gesoffen.

Il/Elle a trop picolé.

Bon, eh bien tchin!

Fick dich!

Va te faire foutre/enculer!

Le geste international (appelé „Stinkefinger" en Allemagne) pour signifier à quelqu'un qu'il vous tape vraiment sur les nerfs. Il s'accompagne souvent d'un „Fick dich!" ou d'un „Verpiss dich!"

Erzähl's der Hand!

Cause toujours !

Quand quelqu'un vous raconte des conneries, tendez la main. C'est clair : ses salades ne vous intéressent pas le moins du monde. Vous pouvez toujours accompagner ce geste de „Erzähl's der Hand!“ (littéralement : « raconte-le à ma main ! »).

Perfekt!/Geile Sache!

Parfait / Un super truc !